LIVE DABEI

Christine Schlitt

Berühmte Kriminalfälle

Von Verbrechern, Kriminalisten und Agenten

Inhaltsverzeichnis

8 Der unfassbare Mister Worth –
Ein Meisterdieb narrt die Polizei

16 „Fangt mich, wenn ihr könnt" –
Jack the Ripper wütet im Londoner East End

24 Skandal im Louvre –
Die Mona Lisa wird entführt

32 Spionin mit den sieben Schleiern –
Wer war Mata Hari?

40 Der Einhundertmillionen-Dollar-Mann –
Charles Ponzi erfindet das Schneeballsystem

48 Alkoholschmuggel, Bestechung, Mord –
Wie kam Al Capone hinter Gitter?

56 Staatsfeind Nummer eins –
John Dillinger wird gejagt

64 Unter falscher Flagge –
Ein Maulwurf im Geheimdienst Ihrer Majestät

72 Mord ohne Leiche –
Gibt es das perfekte Verbrechen?

80 Die Räuber lauern bei Sears Crossing –
Ronnie Biggs und der Jahrhundert-Eisenbahnraub

88 Mysteriöse Schüsse in Dallas –
Das Attentat auf John F. Kennedy

96 Was wusste Richard Nixon? –
Die Watergate-Affäre erschüttert die USA

104 Der Spion im Kanzleramt –
Günter Guillaume stürzt den Bundeskanzler

112 Achtung Fälschung! –
Kunstdetektive auf der Spur von Tom Keating

120 Dagobert und seine Tricks –
Der Kaufhauserpresser narrt die Sokos

128 Der Teufel von Sizilien –
Salvatore Riina geht den Mafiajägern ins Netz

Inhaltsverzeichnis 7

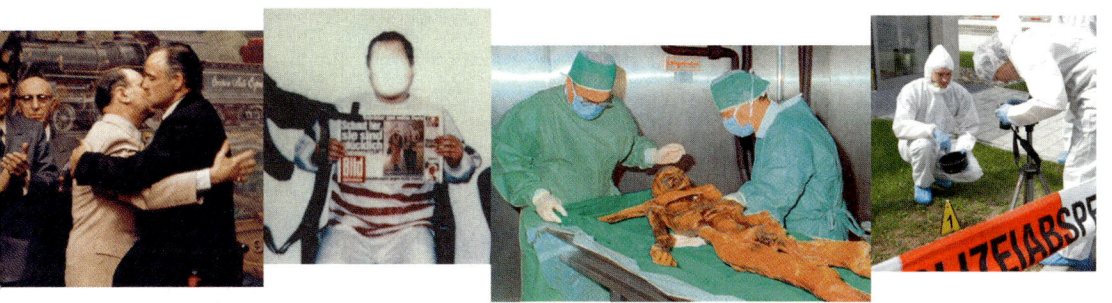

136 Ein Fall äußerster Geheimhaltung –
   Jan Philipp Reemtsma wird entführt

144 Tierische Zeugen –
   Wie Ameisen und Maden einen Mörder überführen

152 Mördersuche nach 400 Jahren –
   Wie starb die Mumie von Sennwald?

160 Verbrecherjagd im Labor –
   Das Phantom von Heilbronn ist nicht zu fassen

168 *Zeitleiste: Berühmte Kriminalfälle auf einen Blick*

170 Anhang

Der unfassbare Mister Worth

Ein Meisterdieb narrt die Polizei

1869 in Boston

„Adam Worth ist auf dem Weg nach Europa?"
„Ja, Sir, ich habe die Nachricht eben von einem unserer Informanten bekommen. Er hat sich in Philadelphia auf der *Indiana* eingeschifft."
„Verdammt! Wir waren so nah an ihm dran, nachdem er und seine Bande den Tresor der Boylston National Bank in Boston ausgeraubt hatten."
„Ich weiß, Mister Pinkerton. Aber ihm ist das Pflaster wohl zu heiß geworden. Er ahnt vermutlich, dass er verdächtigt wird, den Raub begangen zu haben."
„Und er weiß, dass wir ihm auf den Fersen sind."
„Darauf können Sie wetten. Ihm und der Million Dollar, die er gestohlen hat!"
„Wo wird die *Indiana* anlegen?"
„In Liverpool, Sir."
„Wir müssen sofort Scotland Yard verständigen!"

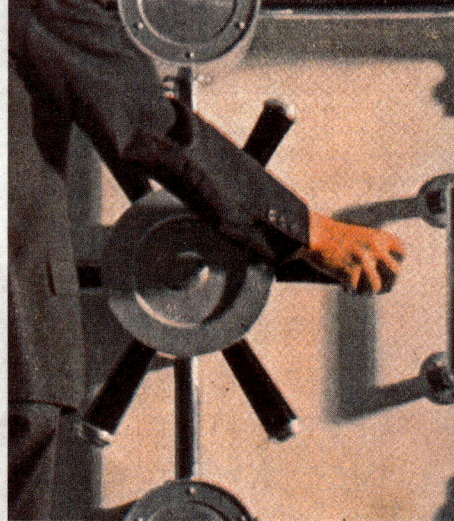

Der Detektiv William Pinkerton und einer seiner Mitarbeiter

William Pinkerton (1846–1923) ist ein gnadenloser Verbrecherjäger. Die Ganoven in Amerika wissen, dass es ungemütlich wird, wenn er und die anderen Detektive der **Agentur Pinkerton** ihnen auf den Fersen sind. Etliche Kriminelle haben sie schon zur Strecke gebracht. Und nun sind sie einem der genialsten Diebe auf der Spur, die Amerika je gesehen hat: Adam Worth (1844–1902), dem deutschstämmigen Sohn eines Schneiders aus ärmlichsten Verhältnissen. Worth, der seine kriminelle Karriere als Taschendieb, Bank- und Eisenbahnräuber in New York begonnen hat, dringt am 21. November 1869 durch einen selbst gegrabenen Tunnel in den Tresor der Boylston National Bank in Boston ein und erleichtert das Geldinstitut um eine Million Dollar (umgerechnet rund elf Millionen Euro).

Der Bankraub ist eine Sensation, ganz Boston steht unter Schock. Die Polizei braucht nicht lange, um einen Hauptverdächtigen auszumachen: In der Unterwelt verbreiten sich die Gerüchte wie ein Lauffeuer, dass Adam Worth und seine Bande für den genialen Raubzug verantwortlich seien. Auf sein Konto gehen seit 1866 bereits mehrere Dutzend erfolgreiche Überfälle auf Banken und Juweliergeschäfte in New York und anderen Städten der USA. Gerade erst hat er 20 000 Dollar (rund 200 000 Euro) in Wertpapieren von einer Versicherungsgesellschaft in Cambridge (Massachusetts) gestohlen.

> **Wissen *spezial***
>
> **Die Agentur Pinkerton**
> Die Pinkerton National Detective Agency wurde 1850 von Allan Pinkerton in Chicago gegründet. Sie war die erste private Sicherheitsfirma in den USA. Hauptaufgaben waren die Aufklärung von Verbrechen und der Personenschutz. Das Firmenlogo zierten ein wachsames Auge und der Slogan „Wir schlafen nie". Heute hat die Detektei Büros an 40 Standorten weltweit.

Drei Mitarbeiter der Agentur Pinkerton

Doch dieses Mal ist es ernst. Als Worth erfährt, dass die Pinkerton-Detektive die Fährte aufgenommen haben, wird es ihm zu riskant. Er und sein Komplize Charley Bullard setzen sich nach Europa ab.

Der Polizei immer eine Nasenlänge voraus

Im Januar 1870 planen sie einen besonderen Coup. Getarnt als schwerreiche amerikanische Geschäftsmänner, mieten sie sich in den besten Zimmern des Washington Hotel in Liverpool ein. Ihre Decknamen: Charles S. Wells, ein Ölindustrieller aus Texas, und Henry J. Raymond, ein Handelsbankier von der Ostküste der USA. Obwohl die englischen Behörden schon wissen, dass die Räuber der Bostoner Bank auf dem Weg nach England sind, ahnt niemand, dass es sich bei den Gentlemen um Adam Worth und Charley Bullard handelt. Doch dann werden aus dem größten Pfandleihhaus Liverpools im April 1870 Juwelen im Wert von 25 000 Pfund (rund zweieinhalb Millionen Euro) geraubt. Die Dreistigkeit, mit der die Diebe dem Inhaber der Pfandleihe mithilfe eines Ablenkungsmanövers die Schlüssel gestohlen und den Tresorraum ausgeräumt haben, deutet darauf hin, dass der gerissene Adam Worth bei diesem Einbruch seine Hände im Spiel hatte. Sofort wird die Polizei misstrauisch und Liverpool für Worth und Bullard zu einem heißen Pflaster. Sie setzen sich ab nach Paris.

Adam Worth raubte nicht nur Geld, sondern auch Juwelen.

Mit den geraubten Millionen führte Worth ein luxuriöses Leben (Filmszene).

Geniale Tarnung im Spielsalon

Im Winter 1872 spricht ganz Paris von einer neuen Attraktion im Nachtleben: der „American Bar" in der Rue Scribe. Ein luxuriöser Vergnügungstempel mit exquisiter französischer Küche und amerikanischen Cocktails. Die Gastgeber sind Henry J. Raymond und Charles S. Wells. Schon bald interessiert sich auch die Pariser Polizei für die American Bar, denn Gerüchten zufolge soll sich ein Spielsalon in der oberen Etage befinden. Glücksspiel jedoch ist in Frankreich verboten. Dennoch scheitert eine **Razzia** der Polizei. Als die Gendarmen die oberen Räume betreten, sehen sie Gäste in Ledersesseln sitzen, die plaudern oder Zeitung lesen. Wie gelingt es Worth, den illegalen Spielsalon zu verstecken? Ganz einfach: Sobald die Polizisten die Bar betreten, drückt der Barkeeper einen Alarmknopf, der einen Summer in der oberen Etage aus-

Wissen *spezial*

Was geschieht bei einer Razzia?

Bei einer Razzia durchsucht die Polizei Restaurants, Bars, Wohnhäuser oder Büros, um verdächtige Personen zu identifizieren, illegale Geschäfte aufzudecken oder Gegenstände zu beschlagnahmen. Razzien werden nicht angekündigt, um den Überraschungseffekt zu nutzen.

löst. Blitzschnell werden die Rouletteräder in die Tische versenkt, und die übrigen Spieltische verschwinden in Hohlräumen in den Wänden und im Fußboden. Genial, aber nicht genial genug.

Seit dem Banküberfall in Boston ist Adam William Pinkerton Worth dicht auf den Fersen. Auch seine Detektive haben die American Bar schon lange im Visier, so gilt sie nicht nur als exklusiver Nachtclub, sondern auch als Treffpunkt aller großen Namen in der Verbrecherszene. Doch Pinkerton sind die Hände gebunden, denn außerhalb der USA hat er keine Befugnis, Gesetzesbrecher festzunehmen. Pinkerton gibt der französischen Polizei zwar einen guten Tipp, doch die Behörden brauchen Beweise. Kurz darauf gibt es mehrere Razzien in der American Bar. Worth muss fürchten, dass die Polizei nun härter gegen seinen illegalen Spielsalon vorgeht. Er entschließt sich, Paris zu verlassen, und geht nach London.

Der echte William Pinkerton war Inspiration für Detektivgeschichten.

Ein Meisterdieb und Gentleman

Als Worth in London ankommt, haben die Pinkertons und die Pariser Polizei **Scotland Yard** längst informiert. Inspector John Shore beobachtet Worth Tag und Nacht. Als Henry

Raymond lebt er in einer luxuriösen Wohnung in Piccadilly und gibt sich als Gentleman der Londoner High Society aus. Doch im Geheimen baut Worth ein Verbrechernetzwerk auf und organisiert Dutzende von Einbrüchen und Diebstählen. Nichts ist vor ihm und seiner Bande sicher. Er lässt Banken, Postämter, Lagerhäuser und Luxusvillen ausrauben, Geldsendungen aus den Tresoren von Eisenbahnzügen und Kanaldampfern stehlen und Schecks fälschen, um sie bei Banken im Ausland gegen Bares einzulösen. Seine Diebesbande ist in allen Winkeln der Erde aktiv. In Kingston auf Jamaika stehlen die Ganoven 10 000 Dollar aus dem Tresor eines Lagerhauses. In Südafrika erbeutet Worth Rohdiamanten im Wert von 500 000 Dollar (rund fünf Millionen Euro). Inspector Shore ist verzweifelt. Worth hinterlässt keine Spuren und ist der Polizei immer eine Nasenlänge voraus. Warum kann ihm niemand etwas nachweisen? Der Meisterdieb plant seine Verbrechen sorgfältig und lässt Mittelsmänner Ganoven anheuern, die sie ausführen. So bekommt keiner der kleinen Gangster, die für Worth arbeiten, ihn je zu Gesicht oder kennt seinen Namen. Auch kann die Polizei niemals die Spur bis zu Worth zurückverfolgen, wenn ein Raubzug einmal schiefgeht und die Gangster verhaftet wer-

> **Wissen** *spezial*
>
> **Scotland Yard**
> Scotland Yard ist die Bezeichnung für die Londoner Kriminalpolizei. Die Behörde wurde 1829 gegründet. Die Bezeichnung geht auf das erste Dienstgebäude zurück, das sich in der Nähe der Residenz der schottischen Könige in London („Great Scotland Yard") befand.

Die Herzogin von Devonshire, gemalt von Thomas Gainsborough

den. Inspector Shore kann immer nur vermuten, dass die Worth-Bande wieder einmal zugeschlagen hat, aber nie hat er genügend Beweise, um den Meisterdieb zur Strecke zu bringen.

Der Mann, der das teuerste Gemälde der Welt stiehlt ...

Auch dann nicht, als Worth seinen spektakulärsten Diebstahl begeht. Mit zwei Komplizen bricht er in der Nacht des 27. Mai 1876 durch ein Fenster in eine Kunstgalerie in der Old Bond Street in London ein. Seine Beute: das Porträt der Herzogin von Devonshire (1787) von Thomas Gainsborough (1727–1788), das nur wenige Wochen zuvor im Londoner Auktionshaus Christie's für sensationelle 10 100 Guineen (rund eine Million Euro) versteigert wurde. Mit sicherer Hand schneidet Worth das Ölbild aus dem Rah-

Thema   Meisterdieb Worth – auch bei Sherlock Holmes

Der englische Schriftsteller Sir Arthur Conan Doyle verfolgte die Zeitungsberichte über den Meisterdieb Adam Worth mit großem Interesse. 1893 schuf er die Figur des Professor Moriarty nach dem Vorbild des berühmten Gentlemanverbrechers. Wie Worth hat auch Moriarty, der geniale Gegenspieler des Meisterdetektivs Sherlock Holmes, einen Verbrecherring aufgebaut, den Holmes für die meisten Verbrechen, die in London verübt werden, verantwortlich macht. Am Ende des Romans kommt es zum Zweikampf zwischen Holmes und Moriarty, bei dem der Verbrecher ums Leben kommt.

men, rollt es fachgerecht zusammen und verschwindet so leise, dass der Nachtwächter von dem Einbruch nichts mitbekommt. Da das Gemälde nach der spektakulären Auktion weltweite Berühmtheit erlangt hat, wäre es zu riskant, es zu verkaufen. Doch Worth kann es sich leisten, das teuerste Gemälde der Welt unter seiner Matratze zu verstecken.

... und zurückgibt

Die Polizei verzweifelt jahrzehntelang an der Gerissenheit von Adam Worth. Doch am 5. Oktober 1892 ertappt sie Worth auf frischer Tat, als er im belgischen Lüttich einen Geldtransporter überfällt. Er wird verhaftet und nur zu sieben Jahren Haft verurteilt, da die Behörden ihm immer noch keine einzige Tat aus seiner rund 30-jährigen kriminellen Karriere nachweisen können. Wegen guter Führung wird er bereits 1897 entlassen – aber Worth ist gesundheitlich und finanziell am Ende. Das Gainsborough-Gemälde liegt noch in einem Lagerhaus in New York. Worth will es zurückgeben, und dabei soll ihm der Mann helfen, der ihn sein Leben lang gejagt hat: William Pinkerton. Tatsächlich ist der Detektiv bereit, dem kranken Worth zu helfen. Worth bekommt 25 000 Dollar, und das Gemälde geht anonym an seinen rechtmäßigen Besitzer zurück. Als Worth am 8. Januar 1902 stirbt, würdigt Pinkerton den **Meisterdieb**, der im Lauf seines Lebens umgerechnet schätzungsweise 40 Millionen Euro erbeutet hat, als den „erfolgreichsten und gefährlichsten Berufsverbrecher der neueren Zeit".

Christie's zählt noch heute zu den berühmtesten Auktionshäusern.

„Fangt mich, wenn ihr könnt"

Jack the Ripper wütet im Londoner East End

1888 in London

Sehr geehrter Boss,
ich höre ständig, die Polizei habe mich geschnappt, aber die werden mich niemals kriegen! Es ist lächerlich, zu glauben, sie seien mir auf der Spur.
Ich hab was gegen Huren und werde sie weiter aufschlitzen, bis ich geschnappt werde. Großartige Arbeit das letzte Mal. Die Lady hatte keine Zeit, auch nur einen Mucks von sich zu geben. Wie wollen die mich kriegen? Ich liebe, was ich tue, und werde es wieder tun. Ihr werdet bald wieder von mir hören. Beim nächsten Mal mache ich mir einen Spaß und schneide der Lady die Ohren ab, um sie der Polizei zu schicken. Halten Sie diesen Brief geheim, bis ich mich wieder an die Arbeit gemacht habe. Dann geben Sie ihn weiter. Mein Messer ist so scharf, dass ich am liebsten gleich wieder loslegen würde. Viel Glück.
Mit freundlichen Grüßen
Jack the Ripper

Anonymer Brief von „Jack the Ripper"

„Fangt mich, wenn ihr könnt" *Jack the Ripper wütet im Londoner East End*

Die Bevölkerung von London lebt Ende des 19. Jahrhunderts in Angst und Schrecken. Seit einigen Wochen treibt in Whitechapel, einem Stadtbezirk im Londoner East End, ein Serienmörder sein Unwesen. Seine Opfer: Frauen zwischen 40 und 50 Jahren aus ärmlichen Verhältnissen, die gelegentlich der Prostitution nachgehen. Sein Vorgehen ist immer dasselbe: Er lauert seinen Opfern nach Mitternacht in den engen und von den Gaslaternen nur spärlich beleuchteten Gassen auf, schneidet ihnen mit einem Messer die Kehle durch und lässt sie dann auf offener Straße liegen. Einige Leichen verstümmelt er, indem er sie aufschlitzt. Die Polizei tappt im Dunkeln.

Diesen Brief soll Jack the Ripper geschrieben haben.

Briefe aus der Hölle

Als am 27. September 1888 bei der Central News Agency in London ein anonymer, von Hand geschriebener Brief eingeht, dessen Absender vorgibt, der Mörder zu sein, und mit „Jack the Ripper" (deutsch: Jack der Aufschlitzer) unterschreibt, schenkt man dem Schriftstück zunächst keine Beachtung. In den letzten Wochen sind unzählige Bekennerbriefe bei der Polizei eingegangen, die jedoch alle schnell als makabere Scherze entlarvt werden konnten. Doch bei diesem Brief ist etwas anders. Drei Tage später schlägt der Mörder wieder zu. Dieses Mal tötet er zwei Frauen in einer Nacht. Wieder schneidet er beiden die Kehle durch und verstümmelt eine von ihnen. Und tatsächlich finden die Polizeibeamten bei ihr ein teilweise abgeschnittenes Ohr, so wie es in dem Brief angekündigt wurde. Stammt der Brief von dem brutalen Serienkiller?

Sein Messer hat man gefunden, doch der Mörder blieb verschwunden.

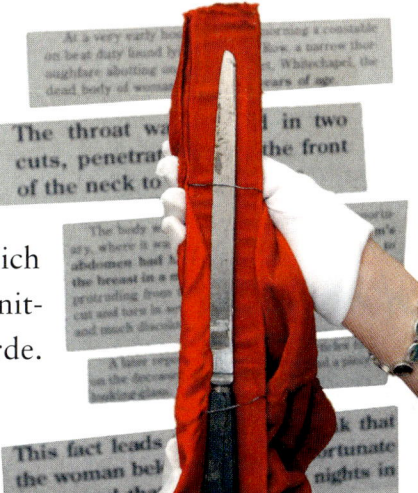

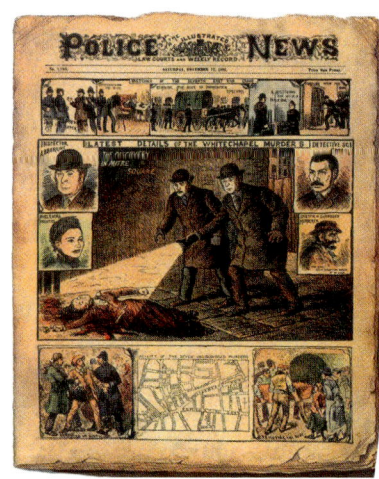

Ganz London spricht über Jack the Ripper.

Die Inspektoren von Scotland Yard müssen jeder noch so kleinen Spur nachgehen. Sie veröffentlichen den Brief am 1. Oktober 1888 in einigen Zeitungen und lassen Flugblätter verteilen. Niemand erkennt die Handschrift, doch dafür wird der Name „Jack the Ripper" weltberühmt: Zeitungen in aller Welt berichten jetzt täglich von den Gräueltaten der Bestie des Londoner East End.

Welche Spuren führen zu Jack the Ripper?

Da die Veröffentlichung des Briefes keinen Hinweis bringt, ermitteln die Beamten weiter. Sie gehen von Haus zu Haus und befragen Zeugen. Gerichtsmediziner obduzieren die Leichen und geben alles genau zu Protokoll. Doch die kriminaltechnischen Möglichkeiten sind Ende des 19. Jahr-

Thema   Serienmördern auf der Spur

Erst seit Mitte des 20. Jahrhunderts versuchen Wissenschaftler, Persönlichkeitsmerkmale, Verhaltensauffälligkeiten und Beweggründe von Menschen zu erforschen, die mehrere Opfer innerhalb von einigen Monaten oder auch vielen Jahren ermorden. Viele Serienmörder leiden an einer psychischen Störung und handeln meist aus sexuellen Motiven heraus. Einige töten aus purer Freude am Töten, andere, weil sie es genießen, Macht auszuüben, oder ihre Opfer als nicht „lebenswert" ansehen. Obwohl viele Serienmörder ihre Taten planen, kennen sie in der Regel ihre Opfer vor der Tat nicht. Das macht die Fahndung für die Ermittler besonders schwierig: Sie finden die Täter nicht im persönlichen Umfeld der Opfer wie bei vielen anderen Morden.

Die Polizei heftet sich an die Fersen des Mörders (Filmszene).

hunderts noch nicht so groß. Die DNA-Analyse ist noch längst nicht erfunden, und selbst Fingerabdrücke helfen erst Jahre später zum ersten Mal bei der Auflösung eines Mordfalles. Anhand der Tatort- und der Obduktionsbefunde können die Gerichtsmediziner noch nicht einmal einwandfrei feststellen, ob alle Taten das Werk eines Täters waren oder ob zeitgleich mehrere Frauenmörder Whitechapel heimsuchten. Von den elf Frauenmorden, die zwischen April 1888 und Februar 1891 in Whitechapel verübt werden, rechnen Kriminalhistoriker heute fünf Jack the Ripper zu.

Auch über die psychologischen Beweggründe von Serienmördern weiß die Wissenschaft damals kaum etwas. Der Arzt Dr. Thomas Bond verfasst 1888 eines der ersten Täterprofile in der Kriminalgeschichte: Es ist eine Charakteristik von Jack the Ripper. Bond beschreibt ihn als einen Mann mittleren Alters

Wissen spezial

Was geschieht bei einer Obduktion?
Bei einer Obduktion oder Autopsie werden Leichen geöffnet und genau untersucht, um die Todesursache festzustellen. Obduktionen werden angeordnet, wenn der Verdacht besteht, dass ein Mensch eines unnatürlichen Todes gestorben ist.

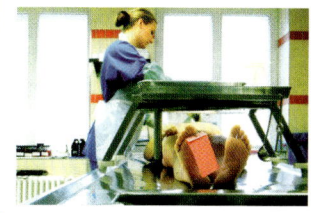

Ermittler sammeln Informationen über Opfer und Tatumstände, um Serienmördern auf die Schliche zu kommen (Filmszene).

mit unauffälligem Äußeren, wahrscheinlich ein Einzelgänger, der Gelegenheitsarbeiten nachgeht, ein geringes Einkommen hat und seine Taten kaltblütig und von sexuellen oder Rachegefühlen angetrieben ausführt. Wer kennt diesen Mann?

Der einzige Zeuge

Möglicherweise gibt es einen Zeugen. In der Nacht des Doppelmordes kommen sogar zwei Menschen Jack the Ripper ganz nahe. Elizabeth Stride wird von einem Kellner um 1.00 Uhr morgens in einem Hinterhof in der Berner Street gefunden. Sie ist tot, aber nicht verstümmelt. Die Tat muss gerade erst geschehen sein, der Zeuge befürchtet sogar, der Täter halte sich noch im Hof auf. Wurde der Mörder überrascht und musste fliehen? Um 1.45 Uhr wird das zweite Opfer gefunden. Catherine

Eddowes liegt ermordet und verstümmelt auf einem kleinen Platz ganz in der Nähe des ersten Tatorts. Ein Zeuge hat sie nur 15 Minuten zuvor im Gespräch mit einem Mann beobachtet. Höchstwahrscheinlich ihrem Mörder. Der Zigarettenhändler Joseph Lawenda erkennt in dem düsteren Licht der Straßenlaterne einen etwa 30-jährigen Mann mit Schnurrbart, etwa 1,70 Meter groß, mit schwarz-weißer Jacke und grauer Mütze. Ist es Jack the Ripper? Hat er, nachdem er bei dem ersten Opfer gestört wurde, eine zweite Frau getötet, um sein Werk an ihr zu vollenden?

Noch bevor die Zeitungen von den Morden berichten können, geht bei der Central News Agency eine Postkarte ein. Wieder von „Jack the Ripper". „Nummer eins hat ein bisschen geschrien", schreibt er, „mit ihr bin ich nicht fertig geworden. Hatte keine Zeit, die Ohren für die Polizei abzuschneiden." Ist es eine Nachricht des Mörders oder nur ein Scherz eines Journalisten, der die Details der Tat in den frühen Morgenstunden von der Polizei erfahren hat?

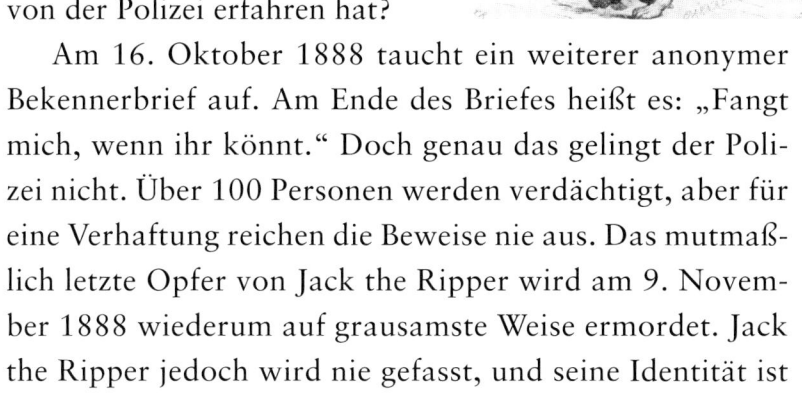

Sogar mit Hunden wurde Jagd auf Jack the Ripper gemacht.

Am 16. Oktober 1888 taucht ein weiterer anonymer Bekennerbrief auf. Am Ende des Briefes heißt es: „Fangt mich, wenn ihr könnt." Doch genau das gelingt der Polizei nicht. Über 100 Personen werden verdächtigt, aber für eine Verhaftung reichen die Beweise nie aus. Das mutmaßlich letzte Opfer von Jack the Ripper wird am 9. November 1888 wiederum auf grausamste Weise ermordet. Jack the Ripper jedoch wird nie gefasst, und seine Identität ist bis heute ungeklärt.

Die verschlüsselten Botschaften von Zodiac bereiten einiges Kopfzerbrechen (Filmszene).

Wissen spezial

Beweise und Indizen

Beweise sind Tatsachen, die unmittelbar auf die Schuld eines Angeklagten hinweisen. Beweismittel sind etwa Aussagen von Augenzeugen. Indizien sind Tatsachen, aus denen mittelbar die Schuld eines Angeklagten abgeleitet wird. Ein Indiz für die Schuld des Angeklagten ist es etwa, wenn nach der Tat die Tatwaffe bei ihm gefunden wird.

Zodiac – der unfassbare Killer

Es vergehen beinahe 100 Jahre, bis wieder ein Serienmörder Briefe an Zeitungen verschickt. Am 1. August 1969 findet der Chefredakteur des San Francisco Chronicle einen Brief in seinem Poststapel: „Sehr geehrter Herr Chefredakteur, hier spricht der Mörder." Der Absender bekennt, im Dezember 1968 und im Juli 1969 vier Menschen im Großraum San Francisco ermordet zu haben. Der Polizei sind die Taten noch bestens in Erinnerung: Zwei Paare wurden in ihren Autos erschossen, ein Mann überlebte schwer verletzt. Der Brief ist verschlüsselt und enthält angeblich den Namen des Mörders. Fieberhaft machen sich die Spezialisten an die Arbeit. Kurz darauf ist die Nachricht entschlüsselt, doch es findet sich kein Hinweis auf die Identität des Mörders. Steckt der Name in den letzten 18 Buchstaben EBEO RIE TEMETH HPITI, die bis heute niemand dechiffrieren konnte? Eine Woche später geht ein weiterer Brief bei der Presse ein: „Sehr geehrter Herausgeber, hier spricht Zodiac." Der Brief enthält Details der Morde, die nur dem Mörder bekannt sein können. Die Ermittler sind sich einig: Die Briefe stammen von dem Mörder, der damit unter dem Namen „Zodiac" bekannt wird.

Kurz darauf geschehen weitere Morde: Im September 1969 wird ein Pärchen niedergestochen, der Mann überlebt. Im Oktober 1969 erschießt Zodiac einen Taxifahrer in San Francisco. Kurze Zeit später haben die Ermittler einen Verdächtigen: Arthur

Leigh Allen, einen ehemaligen Lehrer, der nur wenige Schritte von einem der Tatorte entfernt wohnt. Die Indizienlage ist erdrückend. Er trägt eine Armbanduhr der Marke Zodiac, auf der auch das Zodiak-Symbol, ein Kreuz in einem Kreis, zu finden ist – dasselbe Zeichen, mit dem der Mörder seine Briefe unterschreibt. Seine Schuhgröße ist dieselbe, wie die eines Schuhabdrucks, den die Spurensicherung an einem der Tatorte findet. Er gibt sich als Fan einer Kurzgeschichte aus, auf die der Zodiac-Mörder in seinen Briefen mehrmals Bezug nimmt. Er gibt zu, am Tag des zweiten Mordes blutverschmierte Messer in seinem Auto gehabt zu haben. Ist er der Mörder? Nicht, solange es keine stichhaltigen Beweise gibt. Seine Handschrift ist nicht identisch mit der in den Briefen, auch seine Fingerabdrücke stimmen nicht mit denen überein, die an einem der Tatorte gefunden werden. Er besteht einen **Lügendetektortest**, und die Polizei durchsucht dreimal seine Wohnung. Ohne Ergebnis. Allen stirbt am 26. August 1992. Bis zu seinem Tod gilt er als Hauptverdächtiger in dem Zodiac-Fall. Doch bis heute kann ihm keine Schuld nachgewiesen werden. Die Akte wird 2004 geschlossen.

> **Wissen spezial**
>
> **Lügendetektortest**
> Ein Lügendetektor oder Polygraf misst Atmung, Blutdruck, Hautfeuchtigkeit und Puls und zeichnet sie auf. Das Gerät soll die Erregung einer Person anzeigen, die auftreten kann, wenn die Antworten, die sie bei einer Befragung (etwa zu einer Straftat) gibt, nicht der Wahrheit entsprechen.

Durch ein aufwendiges Verfahren sichtbar gemachter Schuhabdruck des Täters

Skandal im Louvre

Die Mona Lisa wird entführt

1911 in Paris

„Die Mona Lisa ist verschwunden? Was soll das heißen, Poupardin?"

„Sie ist weg, Monsieur Bénédite. Die Stelle im Salon Carré ist leer."

„Monsieur Braun hat sie vielleicht abgenommen, um eine fotografische Reproduktion anzufertigen. Für die Postkarten."

„Nein, Monsieur! Ich war in Monsieur Brauns Atelier. Die Mona Lisa ist erst kürzlich fotografiert worden."

„Haben Sie die Ausstellungsräume durchsucht? Vielleicht hat eine Putzfrau sie abgenommen, um sie zu säubern."

„Monsieur, wir haben alles abgesucht. Museumsmitarbeiter haben das Gemälde gestern Morgen um sieben Uhr zum letzten Mal gesehen. Seitdem ist es verschwunden."

„Mon Dieu! Ein Skandal! Wir müssen sofort die Polizei verständigen!"

Der Wachmann Gerard Poupardin und der stellvertretende Direktor des Louvre, George Bénédite

Skandal im Louvre *Die Mona Lisa wird entführt*

Als am 22. August 1911 der aufgeregte Anruf des stellvertretenden Direktors des Louvre bei der Polizei eingeht, lässt Louis Lépine (1846–1933), der Polizeipräfekt von Paris, das Museum unverzüglich räumen. Nachdem alle Besucher das Gebäude verlassen haben, beginnt die Suche nach der **„Mona Lisa"**, einem der berühmtesten Gemälde der Welt. Ihr Wert: unbezahlbar. Die Polizisten durchsuchen jeden Winkel der 225 Ausstellungsräume und etwa fünf Kilometer langen Gänge. Sie erklimmen die steilen Treppen zu den Speichern, und stöbern in dem Gerümpel unter dem Dach. Dutzende Beamte durchkämmen die Außenanlagen und die Straßen rund um das Museum. Und sie werden fündig. Gegen 16.30 Uhr entdecken die Polizisten auf einer Treppe zum Notausgang in der Rue Visconti einen leeren Bilderrahmen. Der schreckliche Verdacht wird Gewissheit: Die „Mona Lisa" wurde gestohlen!

> **Wissen** *spezial*
>
> **Die „Mona Lisa"**
> Die „Mona Lisa" wurde zwischen 1501 und 1505 von dem italienischen Künstler Leonardo da Vinci (1452–1519) gemalt. Das 78 mal 53 Zentimeter große Bild ist ein Porträt der Lisa del Giocondo und wird daher auch „La Gioconda" genannt. Wegen ihres geheimnisvollen Lächelns ist die „Mona Lisa" weltberühmt.

Der Louvre, eines der bekanntesten Museen der Welt

Die Mona Lisa wird gestohlen.

Spurensuche im Museum

Hinter den verschlossenen Türen des Louvre beginnt Staatsanwalt Henri Drioux mit seinen Ermittlungen. Hunderte Personen werden befragt: Aufseher, Handwerker, die Mitarbeiter der Putzkolonnen, Besucher, die vielleicht etwas Auffälliges beobachtet haben könnten. Drioux stellt die Tat nach und lässt einige Männer eine Holzattrappe des Gemäldes „stehlen". Ergebnis: Museumsmitarbeiter benötigen fünf Sekunden, um das Bild von der Wand zu nehmen. Wer jedoch keine Erfahrung mit dem Aufhängemechanismus auf der Rückseite des Gemäldes hat, braucht dazu fünf Minuten. Zu lange, um unentdeckt zu bleiben. Der Dieb muss ein Profi gewesen sein!

Die Ermittler vernehmen Kunsthändler und einschlägig bekannte **Hehler** und gehen mehreren Hundert Spuren nach. Aber die „Mona Lisa" bleibt verschwunden. Doch dann meldet sich ein Zeuge, der am 21. August 1911, dem Montag, bevor der Diebstahl entdeckt wurde, einen Verdächtigen beobachtet haben will. Der Mann sei mit einem Päckchen unter dem Arm aus dem Notausgang zur Rue Visconti herausgerannt. Hat sich der Dieb den besucherfreien Montag ausgesucht, um das Bild in aller Ruhe stehlen zu können? Der Zeuge beschreibt den Verdächtigen als mittelgroß, kräftig, mit schwarzem Haar und großem Schnurrbart. Eine heiße Spur?

Wissen *spezial*

Was machen Hehler?
Hehler sind Kriminelle, die wissentlich Diebesgut weiterverkaufen. Sie bekommen von dem Dieb die Beute und versuchen, sie an Dritte abzusetzen. Hehlerei wird in Deutschland mit bis zu zehn Jahren Gefängnis bestraft.

Die Beschreibung des Verdächtigen geht unverzüglich an **Alphonse Bertillon** (1853–1914). Der Kriminalist ist Experte für die Identifizierung von Verbrechern. Er pflegt eine Kartei mit den Daten von mehreren Hunderttausend Kriminellen: Fingerabdrücke, Körpermaße, Verbrecherfotos. Kann er der Beschreibung einen Namen zuordnen? Bertillon gelingt es, von der Schutzverglasung der „Mona Lisa", die zusammen mit dem Rahmen im Treppenhaus gefunden wurde, einen Daumenabdruck zu nehmen. Stimmt er mit einem Fingerabdruck in seiner Kartei überein? Hunderte Museumsmitarbeiter werden erneut befragt und müssen ihre Fingerabdrücke geben. Doch Bertillon gelingt es nicht, einen Tatverdächtigen zu identifizieren. Der Dieb bleibt unerkannt und die „Mona Lisa" zwei Jahre lang verschwunden.

Ein Experte nimmt das Gemälde genau unter die Lupe.

Thema   Alphonse Bertillon und die elf Körpermaße

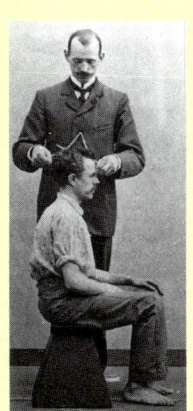

Alphonse Bertillon entwickelte 1879/80 ein System zur Identifizierung von Personen. Er glaubte, einen Menschen anhand von elf Körpermaßen eindeutig identifizieren zu können: Körperlänge, Armspannweite, Sitzhöhe, Kopflänge und -breite, Länge und Breite des rechten Ohres sowie die Länge des linken Fußes, Mittelfingers, kleinen Fingers und Unterarmes. Die Maße wurden auf Karteikarten übertragen und durch ein Foto oder Fingerabdrücke ergänzt. Tatsächlich gelang es Bertillon, über 12 000 rückfällige Straftäter zu identifizieren. Die „Bertillonage" wurde wegen ihrer Ungenauigkeit jedoch 1914 in Frankreich von der Daktyloskopie, dem Fingerabdruckverfahren, abgelöst.

Heim nach Italien

Im Herbst 1913 plant der italienische Galeriebesitzer Alfredo Geri eine Ausstellung mit Werken alter Meister in Florenz. Er gibt auch in Zeitungen im Ausland Kaufgesuche auf und bietet hohe Preise für gut erhaltene Gemälde. Im November 1913 erhält er einen Brief von einem Mann mit dem Namen Leonardo Vincenzo aus Paris. „Ich bin italienischer Patriot", so heißt es in diesem Brief, „und ergriffen von dem Wunsch, meinem Land einen Schatz zurückzugeben." Geri ist neugierig und vereinbart ein Treffen in Florenz. Am 11. Dezember 1913 öffnet der Mann, der sich Leonardo Vincenzo nennt, vor den Augen von Alfredo Geri und Giovanni Poggi, dem Direktor der **Uffizien**, einem Florentiner Museum, einen Koffer mit doppeltem Boden. Die beiden Männer sind überwältigt, als sie die „Mona Lisa", eingewickelt in ein rotes Seidentuch, darin liegen sehen. Ist es wirklich das Original? Mit sicherem Blick erkennen die beiden Fachleute auf der Rückseite des Gemäldes die Inventarnummer des Louvre, und auch die Risse in der Oberfläche des Ölgemäldes stimmen genau mit denen auf einer Fotografie des Originals überein. Kein Zweifel: Sie halten die gestohlene „Mona Lisa" in Händen.

Die Zeitungen in aller Welt berichten darüber, dass die Mona Lisa wieder aufgetaucht ist.

Skandal im Louvre *Die Mona Lisa wird entführt*

Leonardo Vincenzo, der in Wirklichkeit Vincenzo Peruggia (1881–1947) heißt, wird verhaftet und gibt zu, dass er das Gemälde am 21. August 1911 aus dem Louvre gestohlen hat. Er habe sich sonntags in dem Museum versteckt, da er wusste, dass das Museum am Montag für Besucher geschlossen ist, und am frühen Montagmorgen das Gemäl-de unbeobachtet von der Wand genommen. Während die Polizei ganz Paris durchkämmt hat, lag die „Mona Lisa" in Peruggias Wohnung, nur fünf Kilometer vom Louvre entfernt. Erst jetzt stellt sich heraus, wie nah die Ermittler damals dem Dieb der „Mona Lisa" auf den Fersen waren: Peruggia war verhört worden, da er für die Glaserei Gobier arbeitete, die den Auftrag hatte, die bedeutendsten Gemälde im Louvre hinter Glas zu bringen – darunter auch die „Mona Lisa". Auch seine Wohnung in der Rue de l'Hôpital Saint-Louis wurde gründlich durchsucht. Da er vorbestraft war, befand sich sogar sein Fingerabdruck in Bertillons Verbrecherkartei. Doch mit seiner Kaltschnäuzigkeit und viel Glück konnte er der Polizei entwischen. Peruggia landet nun doch im Gefängnis und die „Mona Lisa" kehrt unversehrt am 4. Januar 1914 wieder in den Louvre nach Paris zurück.

> **Wissen *spezial***
>
> **Was sind die Uffizien?**
> „Uffizien" ist der Name eines Palastes in Florenz (Palazzo degli Uffizi), der 1560–74 von dem italienischen Baumeister Giorgio Vasari erbaut wurde. Er diente ursprünglich als Verwaltungsgebäude (ital. uffici „Büros") und beherbergt heute eine der berühmtesten Gemälde- und Skulpturensammlungen der Welt (Galleria del Uffizi) mit Werken der Antike, der Renaissance und des Barock.

Jetzt muss das Gemälde auf Schäden untersucht werden.

Der geraubte Schrei

Nicht immer haben Gemäldediebe so scheinbar selbstlose Motive wie Vincenzo Peruggia. Meist geht es beim **Artnapping** um hohe Summen. Am 22. August 2004 stürmen zwei maskierte Männer das Munch-Museum in Oslo. Mit Schusswaffen bedrohen sie eine Aufseherin und reißen in Sekundenschnelle zwei der wertvollsten Gemälde des Museums von der Wand: „Der Schrei" und „Madonna" des norwegischen Malers Edvard Munch (1863–1944). „Der Schrei" gilt als eines der berühmtesten Werke der Kunstgeschichte, seinen Wert schätzen Experten auf 54 Millionen Euro. Dennoch ist er für die Diebe unverkäuflich. Würde das weltweit bekannte Gemälde auf dem Kunstmarkt auftauchen, könnte man die Spur zu den Räubern leicht zurückverfolgen.

Für den Direktor des Osloer Munch-Museums, Gunnar Sørensen, ist der Diebstahl eine Katastrophe. Wie viele andere Gemälde in Kunstmuseen sind auch diese beiden Meisterwerke nicht versichert. Der Grund: Die Museen können sich die horrenden Versicherungssummen nicht leisten. Dennoch hofft Sørensen, dass bald eine Lösegeldforderung eingeht und die beiden Werke unbeschädigt wiederauftauchen. Doch der Museumsleiter und die Polizei warten vergeblich. Die Diebe schweigen, und die Gemälde bleiben spurlos verschwunden.

Erst Monate später bekommen die Fahnder eine heiße Spur. Im April 2005 wird der mit internationalem Haftbefehl gesuchte Bandenchef David Toska (* 1975) in Spanien

> **Wissen** *spezial*
>
> **Was ist Artnapping?**
> Ähnlich wie Menschen beim Kidnapping werden gestohlene Bilder von den Kunsträubern häufig als eine Art Geisel genommen. Die Diebe drohen mit der Zerstörung des Gemäldes und erpressen von den Besitzern oder den Museen hohe Geldsummen.

Die Überwachungskamera hielt fest, wie die zwei Räuber zum Fluchtwagen laufen.

festgenommen. Die Behörden werfen ihm vor, im April 2004 mit seinen Komplizen aus dem zentralen Gelddepot im norwegischen Stavanger acht Millionen Euro geraubt zu haben. Hat er auch etwas mit dem Raub der Gemälde zu tun? Toska bestreitet das, bis er im März 2006 für den Überfall auf das Gelddepot zu 19 Jahren Haft verurteilt wird. Plötzlich schlägt er dem überraschten Richter einen Handel vor: Gegen Hafterleichterungen will er die beiden Gemälde zurückgeben. Tatsächlich tauchen die Bilder am 1. September 2006 auf mysteriöse Weise wieder auf. Nun wird der Polizei auch klar, warum sie gestohlen wurden. Die gerissenen Gangster wollten mit der Entführung der Bilder die Polizei von den Ermittlungen in dem Geldraub in Stavanger ablenken. Obwohl die beiden Gemälde stark beschädigt sind, ist Museumsdirektor Gunnar Sørensen hochzufrieden, denn die Bilder kehren wieder in das Museum zurück. Keine Selbstverständlichkeit. Experten schätzen, dass weltweit jährlich bis zu 600 000 Kunstwerke gestohlen werden. Die meisten davon bleiben spurlos verschwunden.

Experten untersuchen das Gemälde „Der Schrei" auf Schäden der Entführung.

Spionin mit den sieben Schleiern

Wer war Mata Hari?

1916 in Paris

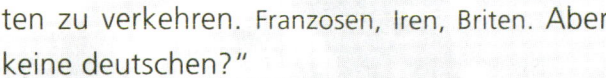

„Wie ich höre, pflegen Sie viele … nun ja … Bekanntschaften, Madame."
„Ich werde zu vielen Diners eingeladen, bin eine Person des öffentlichen Lebens."

„Sie belieben mit Offizieren und Diplomaten zu verkehren. Franzosen, Iren, Briten. Aber keine deutschen?"
„Ich bin niederländische Staatsbürgerin und politisch neutral, Monsieur. Ich liebe es einfach, mich mit ihnen zu unterhalten."
„Über Truppenbewegungen? Militärische Einsätze?"
„Ich höre sie manchmal davon reden."
„Sie geben also zu, für den deutschen Geheimdienst zu spionieren?"
„Ich habe gewisse Kontakte. Meine Sympathien gehören jedoch Frankreich, Monsieur."
„Können Sie sich vorstellen, Frankreich einen Dienst zu erweisen?"
„Daran habe ich noch nie gedacht."
„Denken Sie nach, ob Sie etwas für uns tun können. Sobald Sie sich entschieden haben, besuchen Sie mich wieder."

Georges Ladoux, der Leiter der französischen Spionageabwehr, versucht, Mata Hari als Spionin anzuwerben.

Wochenlang hat der französische Geheimdienstchef Georges Ladoux (1875–1933) Mata Hari beschatten lassen. Die Lebedame, die mit exotischen Schleiertänzen in ganz Europa berühmt geworden ist, ist die Geliebte zahlreicher ranghoher Offiziere, Regierungsbeamten und einflussreicher Diplomaten. Das Brisanteste jedoch: Sie spioniert für den deutschen Geheimdienst. Gerade in Kriegszeiten – der Erste Weltkrieg (1914–1918) tobt bereits seit mehr als zwei Jahren –, entscheiden geheime Informationen über die militärische Taktik des Gegners den Ausgang von Schlachten. Einerseits ist es von großer Bedeutung, Spionage im eigenen Land abzuwehren, und andererseits, so viele Geheiminformationen wie möglich beim militärischen Feind auszukundschaften. Genau das ist Ladoux' Aufgabe. Sein Plan: Mata Hari als Agentin für den französischen Geheimdienst anzuwerben, um ihre vorzüglichen Kontakte auszunutzen und sie gleichzeitig kontrollieren zu können.

Exotisch gekleidet, bezauberte Mata Hari vor allem die Männer.

Einige Wochen später trifft sich Mata Hari tatsächlich noch einmal mit Georges Ladoux und nimmt sein Angebot an. Ein verhängnisvoller Schritt, der sie nicht nur das Leben kosten, sondern sie auch zu einer der berühmtesten Spione des 20. Jahrhunderts machen wird. Doch wie hat alles angefangen?

Aus Margaretha Zelle wird Mata Hari

„Sie ist überwältigend, so dunkel und so heißblütig. Ihre schwarzbraune Haut, ihr voller Mund, ihre mandelförmigen Augen erzählen von fernen Ländern in glühender Son-

Wissen spezial

Wer kämpfte gegen wen im Ersten Weltkrieg?
Im Ersten Weltkrieg kämpften Deutschland und Österreich-Ungarn gegen die sogenannten alliierten Mächte Frankreich, Großbritannien, Italien, Russland und ab 1917 auch die USA. Spanien und die Niederlande blieben neutral, das neutrale Belgien wurde von der deutschen Armee besetzt.

ne und tropischem Regen. Sie windet sich unter ihren Schleiern, die sie gleichzeitig verhüllen und enthüllen. Ihr Tanz lässt sich mit nichts vergleichen, was wir jemals gesehen haben." So schwärmt der Journalist Marcel Lami im *Courrier français*, nachdem Mata Hari am 13. März 1905 im Pariser Musée Guimet zum ersten Mal ihren „Tanz der sieben Schleier" der Öffentlichkeit präsentiert hat. Die Pariser Gesellschaft ist fasziniert von der geheimnisvollen Fremden, die behauptet, sie sei in der heiligen Stadt Jaffnapatam als Tochter einer Tempeltänzerin geboren worden, in der Obhut von Tempelpriestern aufgewachsen und habe von klein auf die rituellen Tempeltänze zu Ehren des indischen Gottes Shiva erlernt. Niemand weiß, dass die exotische Schönheit eigentlich Margaretha Geertruida MacLeod, geborene Zelle, heißt und 1876 in der friesischen

Thema Spione im Ersten Weltkrieg

Mata Hari ist nur eine von vielen Spionen im Ersten Weltkrieg. Ein weiterer berühmter Spion war Thomas Edward Lawrence (1888–1935), der als „Lawrence von Arabien" in die Geschichte einging. Lawrence war Archäologe und nahm 1911–14 an Ausgrabungen in Syrien teil. Nach dem Ausbruch des Ersten Weltkriegs arbeitete er ab 1914 für den britischen Geheimdienst in Kairo. Im Auftrag der Engländer organisierte er als Berater des Emirs von Mekka den erfolgreichen Araberaufstand gegen die Türken (1916–1918), die im Ersten Weltkrieg an der Seite von Deutschland kämpften.

Stadt Leeuwarden in den Niederlanden geboren wurde. Nach ihrer Hochzeit mit dem rund 20 Jahre älteren Kolonialoffizier Rudolph MacLeod (1856–1928) verbrachte sie einige Jahre in Java, das zu der Kolonie Niederländisch-Ostindien (heute Indonesien) gehörte. Als die Ehe scheitert, kehrt Margaretha 1902 nach Europa zurück. Schnell sprechen sich ihre verführerischen Schleiertänze herum und „Mata Hari" (malaiisch „Auge der Dämmerung") verdient mit ihren Vorstellungen auf den Bühnen Europas ein Vermögen.

Spionin für Deutschland ...

Doch als im Sommer 1914 der **Erste Weltkrieg** ausbricht, steht Mata Haris Tanzkarriere vor dem Ende. Die Engagements bleiben aus, denn die Menschen sorgen sich nun mehr um die Tausende Toten an der Front als um eine exotische Nackttänzerin. Darüber hinaus wird das Reisen für die Niederländerin schwer, da die verfeindeten Nationen in Europa – insbesondere Deutschland und Frankreich – allen Ausländern gegenüber äußerst misstrauisch sind. Mata Hari braucht Geld, denn ihr luxuriöser Lebensstil verschlingt riesige Summen, so wird sie zur **Spionin**.

Schon seit ihrer Ankunft in Paris 1903 verkehrte Mata Hari mit wohlhabenden Männern, die sie finanziell unterstützt haben. Auch jetzt findet sie zahlreiche Liebhaber,

Niemandem fiel auf, dass sie ihre Tänze nur erfunden hatte.

Mata Hari war Stoff für Legenden und Filme.

die ihre Rechnungen begleichen. Einer von ihnen ist der deutsche Konsul in den Niederlanden, Karl Cramer. Mata Hari lernt ihn im April 1916 in Den Haag kennen. Was sie zunächst nicht weiß: Cramer arbeitet mit dem deutschen Geheimdienst zusammen. Für die Deutschen ist Mata Hari interessant, weil sie über ausgezeichnete Kontakte im feindlichen Frankreich verfügt. Karl Cramer macht Mata Hari ein Angebot. Er will alle ihre Schulden bezahlen, wenn sie als Agentin für den deutschen Geheimdienst arbeitet. Ihre Aufgabe besteht darin, weiterhin zu reisen, sich mit Diplomaten, Militärs, Ministern und Regierungsbeamten zu treffen und sämtliche kriegswichtigen Details an die Deutschen zu melden. Ein sehr verlockendes Angebot, das Mata Hari ohne zu zögern, annimmt. Sie bekommt den Decknamen „H 21" und reist mit einem Vorschuss von 20 000 Francs nach Frankreich.

... und für Frankreich

Doch der französische Geheimdienst ist auf Mata Hari längst aufmerksam geworden. Ihr unsteter Lebenswandel, ihre unzähligen Männerbekanntschaften und ihre zahlreichen Reisen haben sie als gegnerische Spionin verdächtig gemacht. Doch die Verdachtsmomente reichen für eine Festnahme bislang noch nicht aus. Georges Ladoux sinnt auf einen Plan. Ihm gelingt es, Mata Hari im Herbst 1916 als Spionin für den französischen Geheimdienst anzuwerben. Er geht zwar nicht auf

Eine als Streichholzschachtel getarnte Minikamera für Spione

Ihr Umgang mit mächtigen Männern machte sie verdächtig (Filmszene).

ihre Forderung nach einer Million Franc ein, verspricht ihr aber 25 000 Franc für jeden überführten feindlichen Agenten und schickt sie nach Den Haag.

Was Mata Hari nicht weiß: Ladoux stellt ihr eine Falle. Er erwähnt ihr gegenüber die Namen sechs belgischer Agenten. Fünf von ihnen stehen im Verdacht als Doppelagenten zu arbeiten, der sechste spioniert für die Alliierten. Als zwei Wochen später der alliierte Geheimdienstmitarbeiter von einem deutschen Agenten erschossen wird, nimmt Ladoux an, dass Mata Hari die Namen an die Deutschen verraten hat, und schließt daraus, dass sie eine **Doppelagentin** ist. Dafür spricht auch die Tatsache, dass die Informationen, die Mata Hari an ihrem ersten Einsatzort in Madrid ausspioniert, den Franzosen entweder schon längst bekannt oder

Wissen *spezial*

Was machen Doppelagenten?
Doppelagenten arbeiten gleichzeitig für zwei feindliche Geheimdienste. Häufig werden Agenten, die von dem gegnerischen Geheimdienst enttarnt worden sind, von diesem als neue Agenten angeworben. Sie wechseln die Seite und versorgen ihren alten Auftraggeber mit wertlosen Informationen.

falsch sind. Will sie ihre neuen Auftraggeber bewusst in die Irre führen? Den eindeutigen Beweis, dass Mata Hari tatsächlich für die Deutschen arbeitet, bekommt Ladoux im Dezember 1916 geliefert. Der französische Geheimdienst fängt zwei deutsche Funksprüche ab, in denen es heißt, dass „Agent H 21" nur zum Schein in die Dienste des französischen Spionagebüros eingetreten sei. Die Nachrichten sind zwar verschlüsselt, doch die Franzosen kennen längst den Code, den die Deutschen benutzt haben. Mata Haris Verhaftung ist jetzt nur noch eine Frage der Zeit.

Noch ahnt Mata Hari nicht, dass sie verfolgt wird.

Die Falle schnappt zu

Anfang Januar 1917 kehrt Mata Hari nach Paris zurück. Im Geheimdienst völlig unerfahren, ist sie stolz auf ihre Spionageerfolge in Madrid und ahnt nicht, dass sie in der Falle sitzt. Am 13. Februar 1917 wird sie in einem Pariser Hotel verhaftet. Die Anklage lautet auf „Spionage und geheimdienstliche Zusammenarbeit mit dem Feind, um diesen bei seinen militärischen Operationen zu unterstützen". Während des Prozesses beteuert Mata Hari immer wieder ihre Unschuld, doch sie wird zum Tode verurteilt und am 15. Oktober 1917 in Paris hingerichtet.

Wissen spezial

Geheimnachrichten mit Code

Geheimdienste verschlüsseln Nachrichten, damit der Gegner sie nicht verstehen kann, falls er sie abfängt. Dabei werden die Buchstaben nach einer bestimmten Vorschrift durch andere Zeichen ersetzt, sodass die Nachricht scheinbar sinnlos erscheint. Die Vorschrift nennt man Code. Wer den Code kennt, kann die Nachricht entschlüsseln oder decodieren.

Bis heute ranken sich viele Gerüchte, Spekulationen und Fragen um den Fall Mata Hari. War sie wirklich die gerissene Doppelspionin oder nur eine naive Lebefrau, die sich aus Geldnot mit dem deutschen und dem französischen Geheimdienst eingelassen hat? Hat sie ihre zahlreichen Liebhaber tatsächlich genutzt, um an kriegsentscheidende Informationen zu kommen? Wollten die Deutschen ihre Agentin Mata Hari loswerden, indem sie bei den beiden abgefangenen Funksprüchen einen Code benutzten, von dem sie wussten, dass ihn die Franzosen bereits entschlüsselt hatten? Waren die Franzosen wirklich davon überzeugt, dass Mata Hari eine für die Sicherheit Frankreichs gefährliche Agentin war, oder diente der Gerichtsprozess gegen sie nur dazu, die Schlagkraft des französischen Geheimdienstes zu beweisen und von der Kriegsmüdigkeit im eigenen Land abzulenken? Die französische Regierung hält bis heute die Gerichtsakten des Prozesses unter Verschluss. Sie werden erst 2017 veröffentlicht – einhundert Jahre nach Mata Haris Tod. Vielleicht kommt dann die Wahrheit um die berühmteste Spionin der Welt ans Licht.

Eine Enigma-Dechiffriermaschine verschlüsselt Funksprüche.

Der Einhundertmillionen-**Dollar-Mann**

Charles Ponzi erfindet das Schneeballsystem

1919 in Boston

„Schon wieder ein Brief von einem Kunden, der mein internationales Handelsverzeichnis bestellen will. Dieses Mal aus Spanien. Aber was ist das? **Ein Internationaler Antwortschein?** Der Kunde hat ihn beigelegt, damit ich kein Porto für die Rückantwort zahlen muss. Ich gehe damit zur Post und erhalte Briefmarken im Wert von fünf Cents, um ihm das Journal nach Spanien zu schicken. Aber, Moment mal, gekauft wurde der Antwortschein in Spanien für 30 Centavos. Das ist doch viel weniger als fünf Cents … Das bringt mich auf **eine geniale Idee:** Ich kaufe einen Haufen dieser Scheine in Spanien, verkaufe sie hier in den USA und mache Millionen Gewinn!"

Charles Ponzi hat eine Geschäftsidee.

Eigentlich ist Charles Ponzi (1882–1949) enttäuscht, dass es ihm nicht gelungen ist, mit dem Verkauf von Werbeanzeigen in einem internationalen Handelsverzeichnis gutes Geld zu verdienen. Aber die Bank hatte ihm einen Kredit von 2 000 Dollar verweigert und so musste er sein neu gegründetes Unternehmen schon bald wieder schließen. Seine neue Geschäftsidee jedoch ist genial, und Ponzi hofft, in wenigen Monaten Millionär zu sein. Ob ihm das gelingt?

Das Geheimnis der Internationalen Antwortscheine

Im Dezember 1919 gründet Ponzi die Securities Exchange Company („Gesellschaft für Wertpapierhandel"). Er mietet ein kleines Büro in der School Street in Boston und beginnt Kunden für sein Geschäft anzuwerben. Zuerst berichtet er seinen Freunden von den unglaublichen Gewinnen, die man mit Internationalen Antwortscheinen erzielen kann. Doch die Freunde sind skeptisch. Wie will Ponzi mit Gutscheinen für Briefmarken Millionengewinne machen?

Spanische Antwortscheine waren nur einen Cent wert.

Der Preis eines Antwortscheins ist von Land zu Land verschieden, je nachdem, wie viel ein 20 Gramm schwerer Luftpostbrief ins Ausland in der Währung des jeweiligen Landes kostet, erklärt Ponzi. Ein Gutschein kann also zum Beispiel in Spanien 30 Centavos kosten und in den USA für Briefmarken im Wert von fünf Cents eingetauscht werden. Der Gegenwert von 30 Centavos ist jedoch nur ein Cent. Tauscht man den in Spanien erworbenen Antwortschein in den USA in Briefmarken ein, macht man demnach einen Gewinn von vier Cent. Würde man Antwort-

Die Antwortscheine werden gegen Briefmarken eingelöst.

scheine in Spanien für umgerechnet 10 000 Dollar kaufen und diese dann in den USA eintauschen, läge der Gewinn bei 40 000 Dollar. Innerhalb kürzester Zeit könnte man auf diese Weise sein Vermögen verfünffachen.

Die wundersame Geldvermehrung

Ponzi berichtet seinen Kunden, er verfüge über ein riesiges Netzwerk von Mitarbeitern, die in ganz Europa zu niedrigen Preisen Internationale Antwortscheine kaufen und sie in die USA bringen, wo sie dann mit hohen Gewinnen in Bargeld verwandelt werden. Den Kunden, die in die Antwortscheine **investieren** wollen, bietet er folgendes Geschäft an: Die Investoren geben ihm einen bestimmten Betrag, und Ponzi verspricht, ihnen nach 90 Tagen den doppelten Betrag zurückzuzahlen. Ein sensatio-

> **Wissen** *spezial*
>
> **Geld investieren**
> Anleger investieren Geld, damit es sich vermehrt. Sie können das Geld einer Bank oder einem Unternehmen leihen und erhalten dafür jährlich eine bestimmte Summe, die Zinsen. Bei der Spekulation werden Aktien oder Rohstoffe gekauft und wieder verkauft, wenn der Preis gestiegen ist. Der Ertrag einer Geldanlage wird Rendite genannt.

nelles Geschäft! Seine ersten Kunden sind begeistert, als tatsächlich aus den 1 000 Dollar, die sie bei Ponzi investiert haben, nach drei Monaten 2 000 Dollar geworden sind. Ein Gewinn von 1 000 Dollar! Hätten sie die 1 000 Dollar bei einer Bank angelegt, wäre der Gewinn nur 12,50 Dollar gewesen.

Schnell spricht sich in Boston herum, dass Charles Ponzi ein Finanzgenie ist. Nur drei Monate nach der Eröffnung seines Geschäftes hat Ponzi 30 000 Dollar (umgerechnet rund 220 000 Euro) eingenommen. Immer mehr Menschen wollen jetzt ihr Geld mit der Ponzi-Methode vervielfachen, ganz Boston gerät in einen Geldrausch. In hundert Meter langen Warteschlangen stehen die Menschen vor Ponzis Büro in der School Street, um bei dem „Zauberer", wie er bald genannt wird, ihr Geld anzulegen. Im Juli 1920 nimmt Ponzi eine Million Dollar (umgerechnet mehr als sieben Millionen Euro) pro Woche ein. In seinem kleinen Büro häufen sich die Geldscheine. Die Sekretärin stopft die Banknoten in Schubladen und bringt sie körbeweise zur Bank. 40 000 Kunden vertrauen Ponzi ihr Geld an und werden nicht enttäuscht. Ponzi zahlt ihren Einsatz stets pünktlich mit der entsprechenden Rendite aus. Doch nicht nur die Investoren sind begeistert. Auch Ponzis Lebenstraum hat sich erfüllt. Aus dem bitterarmen italienischen Einwanderer, der 1903 mit 2,50 Dollar in der Tasche in die USA kam, ist in nur sechs Monaten ein Multimillionär geworden. Sogar die Zeitungen berichten täglich über den Mann, der einen Bettler über Nacht zum Millionär macht.

Enorme Umätze: Die Banknoten stapelten sich in Ponzis Büro.

Genie oder Betrüger?

In dem Begeisterungstaumel um die Millionengewinne fragen sich nur wenige, wie Ponzi den Kauf und Verkauf der Antwortscheine organisiert. Denn um mit spanischen Antwortscheinen eine Million Dollar Gewinn zu machen, müsste man 25 Millionen dieser Scheine in Spanien kaufen, sie in die USA bringen, dort in Briefmarken eintauschen und diese dann wieder veräußern. Organisatorisch ist das unmöglich! Wird Ponzi nach solchen Details gefragt, gibt er sich geheimnisvoll. „Wie ich die Scheine in Bargeld umtausche, das bleibt mein Geheimnis. Niemand wird es je erfahren. Die Konkurrenz schläft nicht", ant-

Einige, die bei Ponzi angelegt haben, tragen ihr Glück im Koffer nach Hause.

wortet er Skeptikern. Hat Ponzi tatsächlich den finanziellen „Stein der Weisen" entdeckt, wie eine Zeitung vermutet? Oder ist er nur ein hinterhältiger Betrüger?

Was niemand weiß: Ponzi hat niemals einen einzigen Antwortschein in Bargeld umgetauscht. Noch schlimmer: Er hat überhaupt nie Antwortscheine gekauft. Und es gibt auch kein Netzwerk von Mitarbeitern, die in Europa Massen dieser Scheine kaufen. Staatliche Verordnungen in Europa untersagen nämlich, dass mehr als zehn Scheine auf einmal abgegeben werden, um die Spekulation damit zu verhindern. Massenkäufe, wie Ponzi sie abzuwickeln vorgibt, sind also unmöglich.

Mit der Post glaubte Ponzi ein Riesengeschäft zu machen.

Doch woher kommen die Millionen Dollar, die Ponzi seinen Kunden immer wieder pünktlich auszahlt? Der Trick ist simpel: Der clevere Ponzi benutzt das Geld der neuen Investoren und zahlt es den alten aus. Das funktioniert natürlich nur so lange, wie immer neue Kunden ihr Geld investieren. Nur so kann Ponzi die horrenden Renditen auszahlen. Sobald keine neuen Investoren mehr kommen und neues Geld nachfließt, bricht das System zusammen.

Die Blase platzt

Genau das passiert im August 1920. Die Finanzbehörden haben schon lange den Verdacht, dass Ponzis Unternehmen nicht legal ist. Dennoch gelingt es zunächst niemandem, Beweise zu finden, dass Ponzi gegen ein Gesetz verstößt. Der Bezirksstaatsanwalt Joseph Pelletier ordnet eine **Buchprüfung** an und schlägt Ponzi vor, mit seinem Geschäft auszusetzen, bis die Prüfung beendet ist. Ponzi willigt ein.

Wissen *spezial*

Was ist eine Buchprüfung?
Bei einer Buchprüfung werden die Geschäftsbücher eines Unternehmens kontrolliert. In ihnen finden sich Angaben über Zahlungen, die eingegangen sind, und Geld, das ausgegeben wurde. Findet der Buchprüfer heraus, dass ein Unternehmen mehr Schulden als Vermögen hat, droht der Firma Bankrott.

Der Crash lässt nicht lange auf sich warten …

Wie ein Lauffeuer verbreitet sich die Nachricht, dass Ponzis Büro ab dem 26. Juli 1920 geschlossen bleibt. Seine Investoren fürchten, ihr Geld zu verlieren. Tausende stürmen in sein Büro und wollen ausbezahlt werden. Anfangs kann Ponzi noch jedem Kunden ordnungsgemäß sein Geld zurückzahlen. An einem Tag sind es mehr als eine Million Dollar (rund sieben Millionen Euro). Doch jetzt passiert das, was bei seinem System nicht passieren darf: Es fließt kein Geld von neuen Investoren nach, um die alten zu bezahlen. Die Folge: Das Vermögen schrumpft zusehends, und Ponzi geht pleite. Am 12. August 1920 endet die Buchprüfung mit dem Ergebnis, dass Ponzi sieben Millionen Dollar (50 Millionen Euro) Schulden hat. Er wird verhaftet und zu dreieinhalb Jahren Haft wegen Betrugs verurteilt. Anstatt eines Gewinns von einhundert Prozent erhalten seine Anleger am Ende nur noch dreißig Cent für jeden investierten Dollar. Sie haben also siebzig Prozent Verlust gemacht.

Charles Ponzi, der in sieben Monaten ungefähr 15 Millionen Dollar (rund 110 Millionen Euro) verdient hat, verliert alles. Doch für seinen Trick, der im englischsprachigen Raum bis heute den Namen „Ponzi scheme" trägt, wird er weltberühmt. Und er findet viele Nachahmer. Auch heute noch versuchen zahlreiche Betrüger, mit dem sogenannten **Schneeballsystem** gutgläubige Kunden auszunehmen. So wird auch der amerikanische Börsenmakler **Bernard L. Madoff** im Juni 2009 zu 150 Jahren Gefängnis verurteilt, weil er 4 800 Börsenanleger mit dem Ponzi-Trick um etwa 65 Milliarden Dollar (rund 51 Milliarden Euro) betrogen hat.

> **Wissen spezial**
>
> **Warum Schneeballsystem?**
> Ponzis Trick zur Geldvermehrung wird auch Schneeballsystem genannt. Denn ähnlich wie ein Schneeball, der immer größer wird, wenn man ihn im Schnee rollt, musste die Anzahl der neuen Investoren immer größer werden, damit Ponzi die alten Kunden ausbezahlen konnte.

Thema Bernard L. Madoff und der 65-Milliarden-Dollar-Schwindel

Madoff machte seinen Kunden weis, dass er Aktien im großen Stil kaufe und damit den Markt beeinflusse. Je mehr Aktien eines Unternehmens gekauft werden, desto höher wird ihr Preis oder Kurs. Gleichzeitig gab er an, auf die Entwicklung der Kurse zu wetten: Damit konnte er, wenn die Aktie

einmal nicht so gut lief, immer noch über den Kursverlauf, den er ja selber beeinflusst hatte, Geld machen. In Wirklichkeit hatte Madoff seit 1996 keine Aktien mehr gekauft. Stattdessen schüttete er das Geld der neuen Anleger als Gewinn an die alten Anleger aus.

Alkoholschmuggel, Bestechung, Mord

Wie kam Al Capone hinter Gitter?

1929 in Chicago

„Wer ist da?"
„Aufmachen! Polizei!"
„Was wollt ihr Cops denn schon wieder?"
„Wir haben einen Durchsuchungsbefehl. Tür aufmachen!"
„Okay, okay! Ich mache auf!"
„Endlich! Wie viele Männer sind hier in der Werkstatt?"

„Mit mir sieben, Officer."
„Alle hier versammeln! Los, macht schon!"
„Aber ihr Bullen habt doch erst letzte Woche hier 'ne Razzia veranstaltet!"
„Schnauze! Alle in einer Reihe aufstellen! Hände über den Kopf!"
„Okay, okay, wir leisten keinen Widerstand. Wollt ihr uns nach Waffen durchsuchen, wie immer?"
„Alle umdrehen! Gesicht zur Wand!"
„Hey, was soll denn das?"
„Okay, Männer ... Erschießt sie!"

Mitglieder der Chicago Outfits führen die North Side Gang hinters Licht.

Am 14. Februar 1929 werden in einer Werkstatt in der North Clark Street in Chicago sieben Männer kaltblütig ermordet. Insgesamt 90 Kugeln stecken in den Körpern der Toten, die fünf Killer von hinten mit Maschinenpistolen und abgesägten Schrotflinten niedergestreckt haben. Aufgeregte Zeugen berichten, sie hätten das Rattern von Maschinenpistolen gehört und dann gesehen, wie Männer in Polizeiuniformen aus der Werkstatt liefen und in einem schwarzen Cadillac mit Blaulicht und Sirene davonfuhren. Doch es stellt sich bald heraus, dass die Mörder keine Polizisten sind, sondern Profikiller. Ihr Auftraggeber ist der mächtigste Mann in Chicago: der berüchtigte Unterweltboss Al Capone (1899–1947).

Al Capone

Chicago – die kriminellste Stadt der USA

Zeitungen in ganz Amerika veröffentlichen Fotos des grausigen Tatorts, auf denen die blutüberströmten Leichen zu sehen sind. „Ist Chicago dem organisierten Verbrechen ausgeliefert?", lauten die Schlagzeilen. Die Menschen sind schockiert. Dabei sind Morde in Chicago eigentlich an der Tagesordnung. Wöchentlich werden Männer auf offener Straße aus fahrenden Autos mit Maschinenpistolen erschossen. Viele verschwinden auch und tauchen später tot

Al Capones Gangsterbande war gefürchtet (Filmszene).

Skrupellos gingen Al Capones Killer über Leichen (Filmszene).

auf einer Mülldeponie auf. Meist gehören die Opfer zu einer der zwei Gangsterbanden, die seit Jahren in einem blutigen Krieg um die Vorherrschaft in Chicago kämpfen: der „North Side Gang", die den Norden Chicagos beherrscht, und Al Capones „Chicago Outfit", die ihre Wurzeln in der italienischen Mafia hat und über den Süden der Stadt regiert. Al Capone selbst ist für weit mehr als einhundert Morde verantwortlich. Einige davon hat er selbst ausgeführt, die anderen hat er beauftragt. Jeder, der sich ihm in den Weg stellt, wird kurzerhand aus dem Weg geräumt. Selbst Männer aus den eigenen Reihen lässt er töten – als Strafe für Versagen oder Verrat.

Doch warum wird er für seine Verbrechen nie zur Rechenschaft gezogen? Die Polizei sieht seinen kriminellen Machenschaften tatenlos zu, Ermittlungen verlaufen im Sand, weil es nicht genügend Beweise gibt oder weil Zeugen aus Angst schweigen. Aber es gibt noch einen anderen

Grund. Die meisten Polizeibeamten in Chicago, selbst Staatsanwälte, Richter und sogar Bürgermeister William Hale Thompson (1869–1944) werden von Al Capone bestochen. Er gibt jährlich 25 Millionen Dollar an Bestechungsgeld aus, damit die Strafverfolger Beweise übersehen und keine Anklage gegen ihn erheben. Auch für das Blutbad am 14. Februar 1929 (das sogenannte Valentinstag-Massaker) wird niemand je vor Gericht gestellt, obwohl der Polizei die Namen der mutmaßlichen Mörder bekannt sind. Al Capone braucht die Polizei nicht zu fürchten.

> **Wissen** *spezial*
>
> **Was ist ein Syndikat?**
> 1934 gründeten die amerikanische Cosa Nostra und die jüdische Kosher Nostra das „National Crime Syndicate" (Nationales Verbrechenssyndikat), um geschäftsschädigende Bandenkriege wie in Chicago zu verhindern. Bis heute wird eine kriminell organisierte Vereinigung als Syndikat bezeichnet.

Feldzug gegen das organisierte Verbrechen

Doch das ändert sich wenige Tage nach dem siebenfachen Mord in Chicago. Präsident Herbert C. Hoover (1874–1964) will Al Capone endlich hinter Gittern sehen. Zu lange schon terrorisieren er und sein **Syndikat** Chicago mit immer brutaleren Aktionen. Hoover weiß, dass er auf die korrupte Chicagoer Polizeibehörde nicht zählen kann. Also muss er einen anderen Weg finden. Hoover setzt Finanzminister Andrew Mellon (1855–1937) und die Bundessteuerbehörde auf Capone an. Die Behörden vermuten, dass Capone mit illegalem Glücksspiel, Hunderennen, Prostitution und unerlaubtem Alkoholhandel rund 100 Millionen Dollar im Jahr verdient. Seinen Reichtum trägt er offen zur Schau, leistet sich luxuriöse Villen und Autos und tritt als großzügiger Förderer der Kunst auf. Offiziell ist er jedoch Antiquitätenhändler mit einem bescheidenen Einkommen.

Mit illegalen Geschäften, wie Hunderennen, verdiente Al Capone viel Geld.

Teure Villen und Autos: Al Capone lebte im Luxus.

Sheriffs zerbrechen Gin- und Whiskyflaschen während der Zeit des Alkoholverbots.

Steuerfahnder Frank J. Wilson (1887–1970) und seine Agenten machen sich auf die Suche nach Beweisen. Eine schwierige Mission, denn Capone besitzt kein Bankkonto, bezahlt immer in bar, stellt keine Schecks aus. Doch wenn die Steuerfahnder Capone nachweisen könnten, dass die Kosten für seinen aufwendigen Lebensstil weit über dem liegen, was er offiziell verdient, könnten sie ihn wegen Steuerhinterziehung anklagen.

Unterdessen setzt Hoover noch zu einem weiteren Schlag gegen Al Capone an. Jährlich etwa 75 Millionen Dollar verdient der Gangsterboss mit der Herstellung und dem Verkauf von Alkohol. Doch das ist in den 1920er-Jahren in den USA verboten, denn es herrscht die **Alkoholprohibition**. Der Plan lautet: die illegalen Bierbrauereien schließen und Beweise sammeln, dass Capone gegen das Prohibitionsgesetz verstößt. Als Leiter der Operation wird Eliot Ness (1903–1957) beauftragt. Der Prohibitionsagent gilt als verlässlich, ehrgeizig und vor allem – unbestechlich. Er weiß, dass es lebensgefährlich ist, sich mit Al Capone anzulegen. Doch er will es wagen. Mit einem Dutzend Mitarbeitern macht sich Ness ans Werk. Sein erstes Ziel ist Chicago Heights, eine Kleinstadt im Großraum Chicago. An einem Abend im November 1929 starten Ness und seine Agenten zeitgleich um 21.30 Uhr Razzien in 18 von Capones Schwarzbrennereien. Mit vorgehaltener Waffe stürmen die Männer in die Hallen. „Jeder bleibt auf seinem Platz, das ist eine Razzia!", schreit Ness. Die Operation ist ein voller Erfolg. 50 Männer werden verhaftet und die Einrichtung und Geräte als Beweismaterial sichergestellt. Als Nächstes nimmt sich Ness die Bierbrauereien vor. Schnell wird klar, dass sie schwierigere Ziele sind, denn sie sind mit Stahltüren gesichert und werden von Schlägertrupps bewacht. Ness rüstet auf: Er besorgt einen zehn Tonnen schweren Tieflader

Thema — Die Alkoholprohibition in den USA

In den USA wurde 1919 ein Gesetz erlassen, das die Herstellung und den Verkauf von Alkohol untersagte. Der sogenannte „Volstead Act" sollte die Kriminalitätsrate senken, da die Regierung davon ausging, dass viele Verbrechen unter dem Einfluss von Alkohol verübt werden. Stattdessen blühte die Kriminalität aber auf, denn Banden des organisierten Verbrechens, vor allem der Mafia, verkauften den Alkohol illegal. Da der illegal vertriebene Alkohol zu viel höheren Preisen verkauft wurde, als wenn er legal verkauft worden wäre, verdienten die Gangster Millionen, mit denen sie Polizisten bestachen, um Razzien in den Kneipen zu verhindern. Die Alkoholprohibition wurde 1933 wieder abgeschafft.

> **Wissen** *spezial*
>
> **Speakeasys**
> Speakeasys (englisch „sprich leise") waren während der Prohibitionszeit Kneipen, in denen illegal Alkohol ausgeschenkt wurde. In den Flüsterkneipen sollte leise gesprochen werden, um die Polizei nicht auf sie aufmerksam zu machen. Sie wurden meist von kriminell organisierten Banden betrieben.

mit einer Stahlplatte vor dem Kühlergrill. Mit den schwer bewaffneten Agenten auf der Ladefläche bahnt sich der Truck mit Leichtigkeit seinen Weg durch das Eingangstor der Brauerei in der South Cicero Avenue. Die Aktion ist ein voller Erfolg: Ness beschlagnahmt mehrere Tausend Liter Bier, etliche Braugeräte und drei neue Lastwagen, mit denen der Alkohol an die **Speakeasys** ausgeliefert wird.

Die Unbestechlichen

In den folgenden Monaten schließt Ness eine Brauerei nach der anderen und ruiniert damit nach und nach Capones Geschäft. Der finanzielle Schaden für den Gangster geht in die Millionen, denn die Brauereien sind seine wichtigste Einnahmequelle. Doch Capone schlägt zurück. Eines Tages erscheinen zwei Männer in dem Büro von Eliot Ness. Sie bieten ihm das Dreißigfache seines Jahresgehalts – wenn er mit Capone zusammenarbeitet. Ein beinahe unwiderstehliches Angebot! Doch Ness wirft die Männer aus seinem Büro und informiert die Presse. Die „Chicago Tribune" und andere Zeitungen berichten am nächsten Tag über den misslungenen Beste-

Entschlossen gingen Eliot Ness und seine Männer gegen Al Capone vor (Filmszene).

chungsversuch. Als „die Unbestechlichen" gehen Ness und seine Männer in die Geschichte ein.

Capone lässt Ness und seine Agenten von diesem Zeitpunkt an von seinen Männern Tag und Nacht beschatten. Nur knapp entkommt Ness drei Mordanschlägen, einer seiner Freunde wird als Warnung für Ness brutal ermordet. Doch Eliot Ness lässt sich von seiner Mission nicht abbringen. Am 12. Juni 1931 kann er Capone 5000 Verstöße gegen das Prohibitionsgesetz nachweisen.

Gleichzeitig sind aber auch die Steuerfahnder fündig geworden und können belegen, dass Capone ein Vermögen besitzt, das er nie versteuert hat. Bei den Ermittlungen sind Quittungen für Schmuck, Geschirr und Kleidung über mehrere Hunderttausend Dollar aufgetaucht. Ein ehemaliger Buchhalter sagt sogar aus, wie Capone illegales **Geld wäscht**. Endlich können die Steuerfahnder nachweisen, dass Capone über 200 000 Dollar Steuern hinterzogen hat. Staatsanwalt George E. Q. Johnson erhebt Anklage. Noch während des Prozesses versucht Capone, die Geschworenen durch Morddrohungen und Bestechung zu einem Freispruch zu bewegen. Richter James H. Wilkerson lässt einen Tag vor der Urteilsverkündung kurzerhand die Jury austauschen. Am 17. Oktober 1931 wird Al Capone wegen Steuerhinterziehung zu elf Jahren Gefängnis verurteilt. Wegen keines anderen Verbrechens wird er je angeklagt. Als er 1939 aus der Haft entlassen wird, ist er schwer krank und stirbt 1947. Der „Chicago Outfit" vergrößerte seinen Einflussbereich über große Teile der USA und ist bis heute eine der größten kriminellen Vereinigungen Amerikas.

Seine Haft saß Al Capone auf der Gefängnisinsel Alcatraz ab.

Wissen *spezial*

Wie wäscht man Geld?
Mit einer Geldwäsche wird Geld, das durch eine Straftat erlangt wurde (z. B. Steuerhinterziehung, Raub, Drogen- oder Waffenhandel), wieder legal gemacht. Um die Herkunft des Geldes zu verschleiern, wird das Bargeld für legale Zwecke ausgegeben. Der Begriff geht auf Al Capone zurück, der mit illegalen Einnahmen Waschsalons eröffnete.

Staatsfeind Nummer eins

John Dillinger wird gejagt

22. Juli 1934 in Chicago

„**Ihr wisst, worum es geht, Männer. Heute Abend schnappen wir uns Dillinger!** Nach der Blamage in der Little Bohemia Lodge dürfen wir uns keinen Fehltritt mehr erlauben, die Presse zerreißt uns sonst in der Luft! **Dillinger darf auf keinen Fall noch mal entwischen! Wir haben einen heißen Tipp bekommen.** Dillinger wird heute Abend mit unserer Informantin ins Kino gehen. Wenn Dillinger das Kino verlässt, zünde ich mir eine Zigarre an. Das ist das Zeichen zum Zugriff. Ihr verfolgt ihn und nehmt ihn fest. Aber passt auf! Er wird bewaffnet sein und nicht zögern, euch sofort zu erschießen, wenn er von der Sache Wind bekommt. Zur Not müsst ihr schneller sein als er. **Ich will Dillinger heute haben: tot oder lebendig."**

FBI-Agent Melvin Purvis bereitet die Festnahme von John Dillinger vor.

Agent Melvin Purvis (1903–1960) steht unter gewaltigem Druck. Erst vor wenigen Wochen hat der Leiter des Chicagoer FBI-Büros zusammen mit seinem Kollegen Sam Cowley (1899–1934) aus Washington eine Sonderkommission ins Leben gerufen. Dringendes Fahndungsziel: John Dillinger, der meistgesuchte Verbrecher der Vereinigten Staaten von Amerika. In nur vierzehn Monaten, von Mai 1933 bis Juli 1934, hat Dillinger es geschafft, zu einem der skrupellosesten Bankräuber, kaltblütigsten Mörder, originellsten Gefängnisausbrecher und zum Staatsfeind Nummer eins der USA zu werden. Doch wie fing alles an?

Brutaler Bankräuber und gewiefter Gefängnisausbrecher

John Dillingers (1903–1934) Karriere als einer der berüchtigtsten Verbrecher Amerikas beginnt 1933 nach seiner Entlassung aus dem Staatsgefängnis von Indiana, wo er eine achteinhalbjährige Haftstrafe wegen eines Überfalls auf ein Lebensmittelgeschäft absitzen musste. Schon wenige Wochen nach seiner Entlassung, im Juli 1933, begeht er seinen ersten Banküberfall in Daleville (Indiana). Die erbeuteten 3 500 Dollar sind zwar mager, doch Dillinger findet Gefallen am „schnellen Geld". Bis zum September 1933 überfallen er und seine Bande drei weitere Banken. Dann endet seine Glückssträhne vorerst: Am 22. September 1933 werden Dillinger und seine Bande verhaftet. Doch einem Teil der Bande gelingt es, aus der Untersuchungshaft auszubrechen und einige Zeit später auch Dillinger aus dem Staatsgefängnis von Lima (Ohio) zu befreien. Dabei erschießen sie drei Gefängniswärter.

Dillinger wird zu einem der meistgesuchten Verbrecher der USA.

Dillinger ist wieder frei und überfällt nur wenige Tage später die nächste Bank. Bis Januar 1934 rauben er und seine Bande drei weitere Banken in Racine (Wisconsin), Chicago (Illinois) und East Chicago (Indiana) aus. Die Gangster gehen immer nach demselben Schema vor. Zwei Männer halten vor der Bank Wache, die übrigen betreten die Bank, bedrohen den Kassierer mit Gewehren und Maschinenpistolen, lassen sich zum Tresorraum führen und packen das Geld ein. Stellt sich ihnen jemand in den Weg, eröffnen die Bankräuber sofort das Feuer. Zahlreiche Polizisten und unbeteiligte Zivilisten sterben bei Dillingers Raubzügen.

Ausbruch mit Holz und Schuhcreme

Schon am 23. Januar 1934 wird die Dillingerbande wieder verhaftet. Und dieses Mal ist es ernst: Die Anklage lautet nicht nur auf Bankraub, sondern auch auf Mord an einem Polizisten bei dem Banküberfall in East Chicago. Dillinger wartet im Staatsgefängnis in Crown Point (Indiana) auf seinen Prozess, seine Komplizen Harry Pierpont, Charles Makley und Russell Clark sitzen in Ohio ein. Anfang März werden Pierpont und Makley zum Tod und Clark zu einer lebenslänglichen

---

Wissen *spezial*

Baby Face Nelson
Der Chicagoer Bankräuber Lester Gillis wurde wegen seiner weichen, jugendlichen Gesichtszüge und seiner geringen Größe Baby Face (dt. „Babygesicht") Nelson genannt. Mit 13 Jahren wurde er zum ersten Mal verhaftet. Er galt als ein brutaler und unberechenbarer Verbrecher, der mehr als ein Dutzend Polizisten und viele unbeteiligte Zivilisten erschossen hat.

Haftstrafe verurteilt. Dillinger weiß, dass es für ihn nur einen Weg gibt, der Todesstrafe zu entgehen: Er muss wieder fliehen. Aber wer kann ihm helfen? Da schickt ihm ein anderer Krimineller aus Chicago eine Nachricht ins Gefängnis: Lester Gillis (1908–1934), genannt **„Baby Face Nelson"**, bietet Dillinger Hilfe bei seinem Ausbruch an. Nelson besticht einige Wachen und am 3. März 1934 kann Dillinger aus dem Gefängnis fliehen. Mit einer aus Holz und Schuhcreme selbst gebastelten **Attrappe** einer Pistole bedroht er einen Gefängniswärter, stiehlt zwei Maschinengewehre und flieht mit dem Auto des Sheriffs.

> **Wissen** *spezial*
>
> **Was ist eine Attrappe?**
> Als Attrappe (von frz. attrappe „Falle") bezeichnet man die täuschend echte Nachbildung eines Gegenstands. Attrappen funktionieren jedoch meist nicht wie das Original. So sehen z. B. Pistolenattrappen nur aus wie echte Pistolen, ohne jedoch tatsächlich Schüsse abfeuern zu können.

Banküberfälle waren in den 1930er-Jahren an der Tagesordnung (Filmszene).

Ein tödlicher Fehler

Der zweite geglückte Gefängnisausbruch in nur fünf Monaten. Doch dann begeht Dillinger einen verhängnisvollen Fehler. Er flieht mit dem gestohlenen Dienstwagen über die Staatsgrenze von Indiana nach Illinois. Für seine Raubüberfälle und auch für den Mord an dem Sheriff waren bisher die lokalen Polizeibehörden zuständig. Indem er jedoch mit dem gestohlenen Fahrzeug die Grenze eines Bundesstaates überschreitet, verstößt er gegen ein Bundesgesetz. Und das heißt, dass ihm von nun an das FBI auf den Fersen ist.

FBI-Direktor J. Edgar Hoover (links) und Melvin Purvis (rechts) wollen Dillinger schnappen.

Dem Leiter des FBI, J. Edgar Hoover (1895–1972), ist Dillinger schon lange ein Dorn im Auge. Doch bislang konnte er nicht eingreifen. Nun sieht Hoover seine Chance nahen. Er erklärt John Dillinger zum „Staatsfeind" und setzt auf seinen Kopf eine Belohnung von 10 000 Dollar aus.

Doch Dillinger lässt sich davon nicht beeindrucken. Schon drei Tage nach seinem Gefängnisausbruch, am 6. März 1934, überfällt er mit Baby Face Nelson und dessen Bande die nächste Bank. Eine Woche später eine weitere. Beute: 100 000 Dollar. Dieses Mal nimmt jedoch FBI-Agent Melvin Purvis die Verfolgung auf. Purvis gilt als erfolgreicher Cop, der Verbrecher gnadenlos verfolgt und zur Strecke bringt. Doch auch Purvis hat zunächst keinen Erfolg. Zweimal sind er und seine Agenten hautnah an Dillinger dran, und zweimal kann der Gangster auf spektakuläre Weise entkommen.

Wissen spezial

Staatsfeinde
Die Bezeichnung Staatsfeind (engl. „public enemy") für hochrangige Kriminelle wurde zum ersten Mal 1930 inoffiziell für Al Capone und andere Mafiamitglieder verwendet. FBI-Direktor J. Edgar Hoover führte in den 1930er-Jahren die Bezeichnung „Staatsfeind" offiziell ein.

Flucht vor dem FBI

Ende März 1934 überwachen die FBI-Agenten eine Wohnung, die Dillinger und seine Geliebte unter falschem Namen angemietet haben. Als ein Agent an die Tür klopft, kann das Paar im Schutz einer Maschinengewehrsalve über den Flur entkommen.

Einen Monat später erhält das FBI einen scheinbar sicheren Tipp. Dillinger und fünf Mitglieder seiner Bande halten sich in einem einsamen Waldhaus, der Little Bohemia Lodge, in einem Waldgebiet im Bundesstaat Wisconsin versteckt. Purvis und seine Agenten nehmen das nächste Flugzeug von Chicago. Sie haben wenig Zeit, sich einen Plan zurechtzulegen, und müssen das Überraschungsmoment nutzen. Am Abend des 22. April 1934 nähern sie sich mit zwei Fahrzeugen dem Haus im Wald. Sie schalten die Scheinwerfer frühzeitig aus, damit die Verbrecher keinen Verdacht schöpfen. Alles ist still, nur zwei Hunde beginnen zu bellen, als sich die Polizisten dem Haus nähern. Im Inneren des Hauses wird Dillinger hellhörig. Da prasseln auch schon die ersten Kugeln durch die Scheiben. Dillinger und die übrige Bande fliehen durch den unbewachten Hinterausgang, noch bevor die Polizisten das Haus umstellen können, und entkommen ein weiteres Mal. Blutiges Resultat des Einsatzes: ein toter FBI-Agent, zwei tote Zivilisten und zahlreiche Verletzte mit Schusswunden.

Das FBI bereitet sich auf den Ernstfall vor.

Alle Spuren werden genau untersucht.

John Dillingers Ende

Der Druck auf das **FBI** wächst nun täglich. Die Presse übt scharfe Kritik an den misslungenen Versuchen, Dillinger und seine Bande zu schnappen. Die Schlagzeilen fordern Purvis' Suspendierung vom Dienst, und Hoover droht seine Entlassung. Da taucht eines Tages eine Frau im Büro von Agent Purvis auf. Sie nennt sich Anna Sage, gibt sich als Freundin von John Dillinger aus und ist bereit, den Gangster an das FBI zu verraten. Ein todsicherer Tipp? Purvis ist skeptisch. Doch schon am nächsten Abend soll die Falle zuschnappen. Anna Sage will mit John Dillinger und einer Freundin ins Kino gehen. Die drei erscheinen tatsächlich zur verabredeten Zeit vor dem „Biograph Theatre" in Chicago. Purvis und seine Männer beziehen heimlich Stellung vor dem Kino. Agent Cowley

Thema | Kurze Geschichte des FBI

*A*m 26. Juli 1908 gründeten 34 US-Agenten das Bureau of Investigation (BOI), um gegen Verbrecher, die gegen Bundesgesetze verstoßen, zu ermitteln. 1935 wurde das BOI für die gesamten USA zuständig und in „Federal Bureau of Investigation" („Bundesamt für Ermittlung"), kurz FBI, umbenannt. Heute beschäftigt das FBI rund 30 000 Mitarbeiter und bekämpft vor allem Gewaltverbrechen, Terrorismus, Drogenhandel und Wirtschaftskriminalität. Zu den Aufgaben des FBI zählen außerdem der Staatsschutz und der Schutz des Präsidenten der Vereinigten Staaten. Sitz des FBI ist in Washington.

Vor dem Kino stellt die Polizei Dillinger eine Falle (Filmszene).

ruft Hoover an, um letzte Instruktionen einzuholen. Die Agenten beschließen, das Ende des Films abzuwarten. Zwei Stunden später verlassen Dillinger und die beiden Frauen das Kino. Purvis, der am Eingang wartet, zündet sich eine Zigarre an, als Dillinger an ihm vorbeiläuft. Das ist das Zeichen. Drei FBI-Agenten nähern sich Dillinger mit vorgehaltener Waffe. Doch Dillinger bemerkt, dass er verfolgt wird. Er zieht seine Waffe und rennt los. Da fallen fünf Schüsse. Dillinger ist tot. Fazit seiner 14-monatigen kriminellen Laufbahn: zwei Gefängnisausbrüche, mehr als ein Dutzend Banküberfälle und 300 000 Dollar Beute. Vier Monate später wird auch Baby Face Nelson von FBI-Agenten erschossen. Mit dem Tod der beiden „Staatsfeinde" endet diese Gangster-Ära in den Vereinigten Staaten.

Unter **falscher Flagge**

Ein Maulwurf im Geheimdienst Ihrer Majestät

1945 in London

„Ein russischer Diplomat, sagen Sie?"
„Ja, Sir. Er hat sich im britischen Konsulat in Istanbul vorgestellt. Behauptet, er sei ein Agent des KGB."
„Was will er?"
„Geld. Und in den Westen überlaufen, Sir."

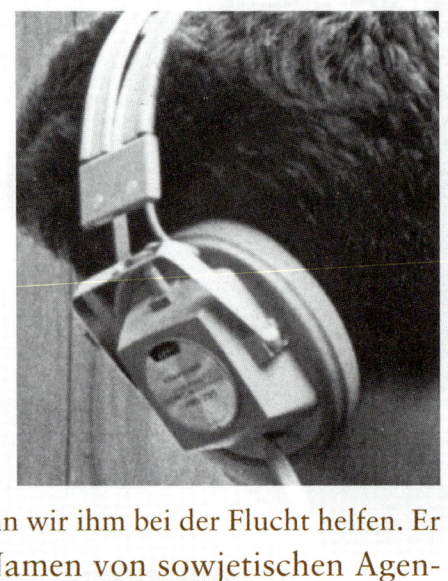

„Was hat er anzubieten?"
„Nun, er ist bereit, feindliche Spione zu enttarnen, wenn wir ihm bei der Flucht helfen. Er sagt, er habe die Namen von sowjetischen Agenten, die in Großbritannien spionieren."
„Interessant."
„Ja, aber er hat noch brisantere Informationen. Er behauptet, dass die Russen einen Agenten in höchster Position im MI6 haben."
„Sie meinen, einen Maulwurf? In unserer Behörde?"
„Genau, Sir."
„Das betrifft die nationale Sicherheit. Höchste Geheimhaltungsstufe! Ich übernehme die Sache persönlich."

Geheimagent Kim Philby erhält Informationen über einen Maulwurf im MI6.

Harold „Kim" Philby (1912–1988) ist Leiter der Sektion IX, der Abteilung zur Abwehr sowjetischer Spionage, des britischen Auslandsgeheimdienstes MI6. Seine Aufgabe ist es, sowjetische Spione zu enttarnen und britische Agenten in wichtige Positionen in der **Sowjetunion** einzuschleusen. Als er die Nachricht erhält, dass ein hochrangiger Mitarbeiter seiner Behörde ein Agent sein soll, der für die Sowjetunion spioniere, ist er alarmiert. Ein feindlicher Agent, der unentdeckt im Geheimdienst arbeitet, bedeutet eine große Gefahr. Denn er hat Zugang zu streng geheimen Informationen, zum Beispiel über militärische Taktik oder den Bau von Waffen, die er dem feindlichen Geheimdienst, für den er spioniert, weitergibt. Wie ein „Maulwurf" unterwandert er die Organisation und fügt so seinem Land großen Schaden zu. Ein immenses Sicherheitsrisiko, das schnellstmöglich beseitigt werden muss.

Doch Kim Philby ist noch wegen etwas anderem aufs Äußerste beunruhigt. Dass der russische Überläufer die Namen sowjetischer Agenten in England verraten will, erweist sich für ihn persönlich als extrem riskant. Denn der Maulwurf im MI6 ist niemand anderes als Kim Philby selbst. Und der Russe will ihn nun enttarnen. Schon seit

> **Wissen spezial**
>
> **Die Sowjetunion**
> Die Sowjetunion (russisch sowjet „Rat") oder UdSSR bestand aus 15 Unionsrepubliken, u. a. dem heutigen Russland, Weißrussland und der Ukraine. Sie wurde 1917 von Wladimir Iljitsch Lenin begründet, dem 1924 Jossif Stalin als staatlicher Führer folgte. 1990 zerfiel die UdSSR, als einzelne Unionsrepubliken unabhängig wurden.

Das SIS Building in London, in dem der MI6 untergebracht ist.

Jahren arbeitet Philby als Agent für den sowjetischen Geheimdienst KGB (Komitee für Staatssicherheit). Zu Beginn der 1930er-Jahre wurde er zusammen mit einigen seiner Studienfreunde von der englischen Universität Cambridge von den Russen als Spion angeworben. Anstatt sowjetische Spione in England zu verfolgen, wie es seine Aufgabe beim MI6 ist, schützt er sie. Stattdessen verrät er die Namen der britischen Spione, die er ausbildet und die in der Sowjetunion für England spionieren, an den KGB. Seine Tarnung ist perfekt, niemand weiß von seinem doppelten Spiel. Und Philby will dafür sorgen, dass es so bleibt.

Geheime Operation in Istanbul

Konstantin Wolkow, der russische Diplomat, der Philby enttarnen will, muss unschädlich gemacht werden. Und Philby hat auch schon einen Plan. Sofort nimmt er Kontakt mit Juri Modin (* 1922) auf, seinem Führungsoffizier beim KGB. Zwei Tage später macht sich Philby auf den Weg nach Istanbul. Offiziell, um mit Wolkow über dessen Flucht und den Verrat der Namen zu verhandeln. Doch in Wirklichkeit lockt Philby Wolkow in eine Falle. Als Philby in Istanbul ankommt, hat der KGB im Geheimen schon alles für Wolkows Entführung in die Sowjetunion vorbereitet. Die Falle schnappt zu. Zu dem vereinbarten Treffen mit Philby erscheint Wolkow nicht. Die Suche der britischen Behörden nach ihm verläuft erfolglos, der Russe bleibt spurlos verschwunden. Philby reist unverrichteter Dinge zurück nach London und kann seinem Chef, Sir Stewart Menzies (1890–1968), dem Direktor des MI6, scheinheilig berichten, dass Wol-

Die Grenze zwischen Ost und West verlief während des Kalten Krieges mitten durch die geteilte Stadt Berlin.

kow auf mysteriöse Weise verschwunden sei, bevor er ihm den Namen des Maulwurfs nennen konnte. Auf Philby fällt kein Verdacht, denn niemand ahnt, dass er selbst die Entführung Wolkows durch den KGB eingefädelt hat.

Kampf für den Kommunismus

Nach dem Zweiten Weltkrieg wird Philby nach Washington in den USA versetzt. Ab 1949 ist er offizieller Verbindungsmann zwischen dem MI6 und dem amerikanischen Geheimdienst. Seine Aufgabe ist es, eng mit den Kollegen der CIA (Central Intelligence Agency) und des FBI (Federal Bureau of Investigation) zusammenzuarbeiten und geheime Informationen auszutauschen. Informationen, die vor allem den Hauptfeind der USA und Großbritanniens im **Kalten Krieg** betreffen.

Geheimagent Kim Philby

Thema   Der Kalte Krieg

Nach dem Zweiten Weltkrieg (1939–45) teilten sich die Siegermächte in zwei feindliche Lager: die Westmächte Großbritannien, Frankreich und die USA und die Ostmacht Sowjetunion. Die Staaten führten in diesem Ost-West-Konflikt keinen Krieg mit Waffengewalt, sondern versuchten sich anders zu schaden, z. B. durch Spionage. Beide Lager rüsteten ihre Waffenarsenale

auf (Wettrüsten) und trieben vor allem die Entwicklung der Atombombe voran. Ein militärisches Gleichgewicht sicherte den Frieden, denn der Einsatz der Atombombe mit ihrer unvorstellbaren Zerstörungskraft hätte katastrophale Folgen für die Welt gehabt.

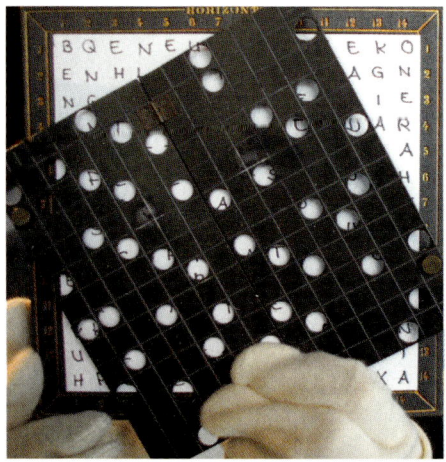

Mit einer solchen Schablone können verschlüsselte Texte gelesen werden.

Eines Tages erfährt Philby von einer Geheimoperation der USA und Großbritanniens in Albanien. Enver Hoxha (1908–1985), der albanische Ministerpräsident, soll gestürzt werden. Hoxha ist dabei, Albanien in einen **kommunistischen Staat** nach dem Vorbild der Sowjetunion umzuwandeln, und das wollen die USA verhindern. CIA und MI6 planen eine Revolution in Albanien. Sie werben albanische Emigranten an, die von Hoxha als politische Gegner verfolgt werden und ins Ausland geflohen sind. In speziellen Camps werden sie in Kampftechnik ausgebildet. Der Plan: Die Partisanen sollen nach Albanien eingeschleust werden und dann den Diktator gewaltsam stürzen. Doch Kim Philby gelingt es, die Operation zu vereiteln. Er verschafft sich Zugang zu den geheimen Plänen und gibt sie an den KGB weiter. Als die ausgebildeten Kämpfer nach Albanien eindringen, werden sie sofort von der albanischen Geheimpolizei festgenommen. Dutzende von ihnen sterben, die Mission ist gescheitert, und Albanien bleibt bis 1990 ein kommunistischer Staat.

Wissen *spezial*

Kommunistische Staaten
In kommunistischen Staaten soll das Proletariat, also Arbeiter, Bauern und Soldaten, herrschen. Es gibt kein Privateigentum, sondern das Volk besitzt alle Produktionsmittel, z. B. Fabriken. Die persönliche Freiheit ist in kommunistischen Staaten stark eingeschränkt, da die Regierungspartei alle Lebensbereiche stark kontrolliert. Politische Gegner werden meist ausgeschaltet.

Ein Spion wird enttarnt

Philby lebt täglich in der Gefahr, als Spion enttarnt zu werden. Daher muss er bei seinen geheimen Operationen immer mit äußerster Vorsicht vorgehen. Nachrichten, die er an Modin oder den KGB sendet, werden mit Codes verschlüsselt, als russischer Agent benutzt er die Decknamen „Söhnchen" oder „Stanley". Doch Philby ist ein cleverer Taktiker, der immer den Überblick behält, und ein Meister darin, den Verdacht von sich abzulenken.

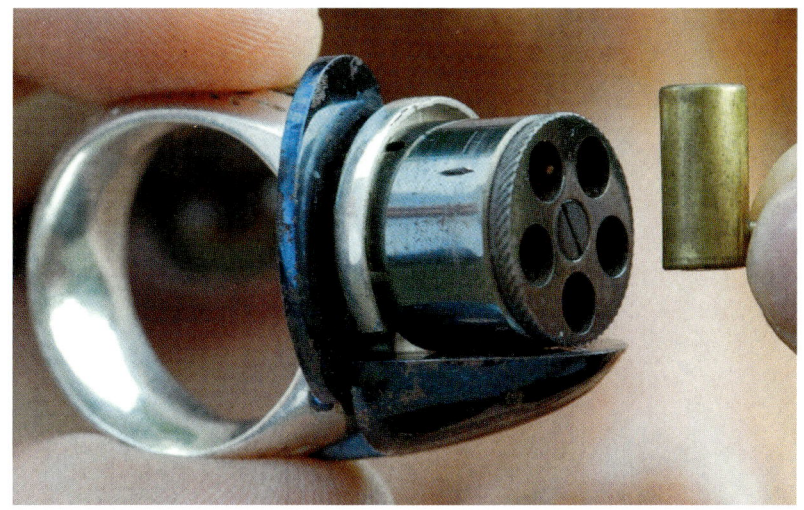

Ein unauffälliger Ring-Revolver – eine geheime Agenten-Waffe

Alles läuft gut, bis es den Amerikanern 1949 gelingt, codierte Nachrichten der Sowjets zu entschlüsseln. Alle Geheimnachrichten, die der amerikanische und britische Geheimdienst während des Zweiten Weltkriegs abgefangen habe, werden nun noch einmal genau untersucht. Dabei stellt sich heraus, dass sowjetische Agenten zwischen 1940 und 1945 streng geheimes Material über das amerikanische **Atombomben**programm in die Sowjetunion geschmuggelt haben.

Doch die Suche der CIA und des FBI nach Verrätern geht weiter. Im Januar 1951 erfährt Philby, dass ein Mitarbeiter der britischen Botschaft in Washington zwischen 1944 und 1946 verschlüsselte Nachrichten an den KGB gesendet haben soll. Als er den Decknamen „Homer" in den Akten liest, weiß er sofort, dass die Ermittler seinem ehemaligen Studienfreund aus Cambridge Donald Maclean (1913–1983) auf den Fersen sind. Maclean darf auf keinen Fall enttarnt werden, denn Philby fürchtet, dass er dem Druck der Verhöre nicht standhält und auch ihn als sowjetischen Agenten enttarnen könnte. Philby muss

Wissen spezial

Wettlauf um die Atombombe

Seit Ende der 1930er-Jahre wetteiferten die USA und die Sowjetunion um die Entwicklung der Atombombe. Die USA warfen Ende des Zweiten Weltkriegs 1945 zwei Atombomben auf die japanischen Städte Hiroshima und Nagasaki ab – der bisher einzige militärische Einsatz. 1949 waren auch die Russen in der Lage, eine Atombombe zu bauen.

Ein Agent muss auch in brenzligen Situationen einen klaren Kopf behalten (Filmszene).

Maclean, der seit Ende 1950 wieder in London ist, sofort warnen. Aber wie? Telefonleitungen werden abgehört, Telegramme oder Briefe fängt der Geheimdienst ab. Wahrscheinlich wird Maclean in London schon längst von britischen Agenten beschattet. Jemand muss mit Maclean persönlich sprechen. Aber wer?

Philby ist klar, dass er selbst nicht infrage kommt. Sofort würde auf ihn der Verdacht fallen, dass er Maclean warnen will. Es gibt nur einen Mann, dem Philby vertrauen kann: Guy Burgess (1911–1963), den dritten im Bunde der ehemaligen Cambridge-Studenten, die für die Sowjetunion spionieren. Aber aus welchem Grund könnte Burgess, der als Diplomat in der britischen Botschaft in Washington arbeitet, nach London reisen, ohne dass er sich verdächtig macht? An einem Tag im April 1951 wird Burgess auf dem Weg von Washington nach South Carolina dreimal wegen Trunkenheit am Steuer und Geschwindigkeitsüberschreitung von der Polizei angehalten und verhört. Die britische Botschaft wird informiert und schickt ihren Diplomaten wegen ungebührlichen Verhaltens sofort zurück nach London. Ein gelungener Coup, niemand schöpft Verdacht. Burgess trifft sich in London mit Maclean. Die Zeit drängt. Am 25. Mai 1951 fliehen Maclean und Burgess in die Sowjetunion, drei Tage bevor Maclean von Agenten des FBI und MI5 verhört werden soll.

Als Philby die Nachricht erhält, dass Burgess zusammen mit Maclean geflohen ist, ist er schockiert. Denn nun wissen FBI, CIA und MI5, dass Burgess Maclean einen Tipp gegeben hat, und verfolgen die Spur von Burgess zurück zu Philby. Philby gerät tatsächlich unter Verdacht. Doch die Ermittler können ihm nichts nachweisen, denn ein cleverer Spion hinterlässt keine Spuren. Um ihn zu überführen, muss er entweder enttarnt oder auf frischer Tat ertappt werden – oder gestehen. Dennoch muss Philby seinen Posten beim MI6 aufgeben. Undercover geht er im Auftrag des MI6 nach Beirut. Als ihn 1963 erneut ein sowjetischer Überläufer enttarnen will, wird er von dem MI5-Agenten Nicholas Elliott (1916–1994) verhört. Philby gesteht, seit 1934 für den sowjetischen Geheimdienst zu spionieren. Er weiß, dass seine Verhaftung nun nur eine Frage der Zeit ist. Wenige Tage später flieht er in die Sowjetunion, wo er bis zu seinem Tod lebt.

Vier Agenten im Dienste Russlands: Anthony Blunt, Donald Maclean, Kim Philby und Guy Burgess

Philby, Burgess, Maclean und der vierte Mann des Spionagerings, Anthony Blunt (1907–1983) gehen als die sogenannten „Cambridge Four" (Die „Cambridge-Vier") in die Geschichte ein und gelten als die erfolgreichsten Spione des 20. Jahrhunderts.

Mord ohne Leiche

Gibt es das perfekte Verbrechen?

1949 in Chelsea, London

„Mrs Lane, Sie möchten also eine Vermisstenmeldung aufgeben?"

„Ja, Officer."

„Wann haben Sie Mrs Durand-Deacon zuletzt gesehen?"

„Am Freitagmorgen, Officer. Beim Frühstück im Onslow Court Hotel in South Kensington. Dort wohnen wir."

„Und danach nicht mehr?"

„Nein, Sir. Gestern Morgen ist sie nicht zum Frühstück erschienen. Das Zimmermädchen sagte mir, dass sie ihr Bett nicht benutzt hat. Ich mache mir große Sorgen, dass ihr etwas passiert ist!"

„Verstehe. Und Sie, Mister ...?"

„Haigh, Officer. Mein Name ist John George Haigh. Ich war am Freitagnachmittag mit Misses Durand-Deacon verabredet. Aber sie ist nicht zu unserem Treffen erschienen. Seitdem ist sie verschwunden."

Constance Lane und John George Haigh melden ihre Freundin Olive Durand-Deacon als vermisst.

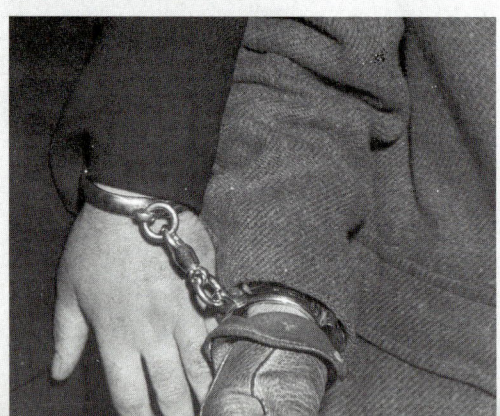

Am 24. Februar 1949, wenige Tage, nachdem Olive Durand-Deacon als vermisst gemeldet wurde, macht sich Detective Alexandra Lambourne auf den Weg in das Londoner Onslow Court Hotel, um die anderen Gäste nach der Vermissten zu befragen. Doch niemand weiß etwas über das Verschwinden der reichen Witwe. Zuletzt spricht Detective Lambourne mit dem Hoteldirektor, der einen Verdacht hat. John George Haigh, der die Vermisstenmeldung aufgegeben hat und auch im Onslow Court Hotel wohnt, habe seit einiger Zeit seine Hotelrechnung nicht bezahlt. Am Mittwoch, bevor Mrs Durant-Deacon verschwunden sei, habe er jedoch den ausstehenden Betrag von über 50 Pfund auf einmal beglichen. Detective Lambourne überlegt. Sie hatte Haigh befragt, wobei er ihr irgendwie verdächtig vorkam. Ein Mann mittleren Alters, offenbar in finanziellen Schwierigkeiten, der sich in der Gesellschaft wohlhabender Witwen aufhält. Sicherheitshalber fragt Lambourne bei Scotland Yard nach, ob Haigh einen Eintrag im Strafregister hat. Schon kurze Zeit später erhält sie die Nachricht, dass er bereits drei Mal im Gefängnis saß wegen Diebstahls, Betrugs und Unterschlagung. Eine heiße Spur?

> **Wissen** *spezial*
>
> **Was steht im Strafregister?**
> Das Strafregister ist eine amtliche Liste der Verbrechen, für die eine Person verurteilt wurde. Wer einen Eintrag im Strafregister hat, ist vorbestraft. Einträge im Strafregister werden in der Regel nach einigen Jahren getilgt. Die Person ist dann rehabilitiert und gilt nicht mehr als vorbestraft.

John George Haigh gerät unter Verdacht.

Die Werkstatt des Grauens

Sofort ordnet Lambourne eine Hausdurchsuchung an. Am 26. Februar 1949 erscheinen zwei Constables vor Haighs Werkstatt in der Leopold Road in Crawley, etwa 30 Meilen südlich von London. Da Haigh nicht anwesend ist, öffnen sie gewaltsam die Tür und durchsuchen den Raum. Auf den ersten Blick eine völlig normale Werkstatt mit allerlei Gerümpel. Aber die Polizisten finden noch etwas anderes. Auf dem Boden stehen etliche Glasflaschen mit Säure, einige davon sind leer. Daneben liegt eine Handpumpe, an der Wand hängt eine schwere Gummischürze, darunter stehen ein Paar Gummistiefel und Gummihandschuhe. Und in einer Tasche finden die Constables noch eine Gasmaske.

Wozu braucht Haigh all diese Dinge? Nun werden die Beamten neugierig. Sie öffnen einen Schrank und finden eine große Schachtel. Darin liegen ein Abholschein einer Reinigung, eine Heiratsurkunde, mehrere Pässe und Führerscheine sowie Papiere, die auf die Namen

Haighs Werkstatt wird unter die Lupe genommen.

Archibald Henderson, Rose Henderson und drei Personen namens McSwan ausgestellt sind. Ganz unten in der Kiste finden sie einen Revolver, mit dem offenbar erst kürzlich geschossen wurde. Die Constables fahren zu der Reinigung und holen das Kleidungsstück ab. Es ist ein wertvoller Persianermantel. Schnell stellt sich heraus, dass er der vermissten Olive Durand-Deacon gehört. Wenig später erfährt die Polizei, dass einen Tag nach dem Verschwinden der Witwe ein Mann in einem Juweliergeschäft in Horsham wertvollen Schmuck versetzt hat. Schmuck, den Constance Lane als Mrs Durand-Deacons Schmuck identifiziert. Als die Polizei dem Juwelier ein Foto von Haighs zeigt, erkennt er den Mann wieder.

„Was hat die Gasmaske hier zu suchen?", fragen sich die Ermittler.

Haigh wird sofort verhaftet und auf das Polizeirevier in Chelsea zum Verhör gebracht. Detective Inspector Albert Webb befragt ihn, woher er Mrs Durand-Deacons Schmuck und den Persianermantel habe und ob er wisse, wo sie sei. Plötzlich bricht es aus Haigh heraus: „Mrs Durand-Deacon gibt es nicht mehr. Sie ist verschwunden, und Sie werden keine Spur mehr von ihr finden. Ich habe sie in Säure aufgelöst. Sie ist nur noch eine schleimige Masse im Hinterhof meiner Werkstatt in der

Wissen spezial

Ohne Leiche keine Verurteilung
Tatsächlich galt bis 1954 in England die Regel „keine Leiche, keine Verurteilung", nachdem 1660 drei Menschen für den Mord an einem Mann gehängt wurden, der verschwunden war, jedoch kurze Zeit später wieder auftauchte.

Leopold Road. Mehr ist von ihr nicht übrig." Dann gesteht er, Misses Durand-Deacon in seine Werkstatt gelockt, sie von hinten mit seinem Revolver erschossen und ihren Körper in Schwefelsäure gelegt zu haben. John George Haigh gibt an, er habe 1948 auch das Ehepaar Henderson und 1944/45 die McSwans auf diese Weise umgebracht. „Aber Sie können mich dafür nicht anklagen", ruft er am Ende überzeugt. „Wie wollen Sie einen Mord beweisen **ohne eine Leiche**?"

Falsche Zähne bringen den Mörder hinter Gitter

Doch Inspector Webb und sein Kollege Shelley Symes wissen, was zu tun ist. Die Polizisten rufen bei Scotland Yard an. Ein Experte muss die Werkstatt noch einmal unter die Lupe nehmen. Vielleicht finden sich kleinste Spuren von Olive Durand-Deacon, die zuvor übersehen wurden. Als der Gerichtsmediziner Dr. Keith Simpson die Werkstatt betritt, fallen ihm sofort Blutspuren auf, die die Wand hin-

Nur mithilfe der Gerichtsmedizin …

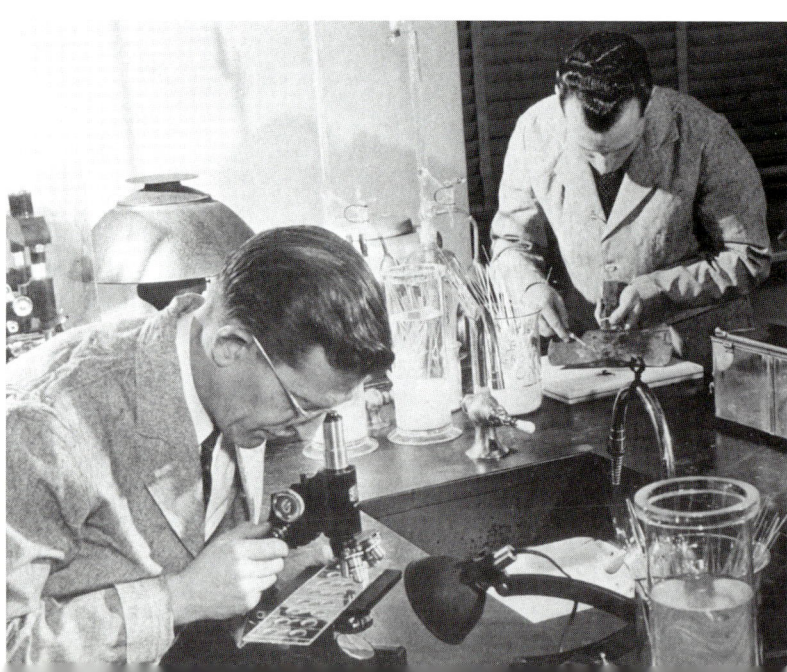

ter der Werkbank besprenkeln. Fast als wäre jemand erschossen worden, während er sich gerade über den Tisch beugte – genau wie Haigh es in seinem Geständnis beschrieben hat. Die Blutspritzer werden fotografiert und mit dem Verputz aus der Wand gekratzt, um sie zu untersuchen – im Labor wird sich herausstellen, dass es menschliches Blut ist. Dann macht sich Simpson auf die Suche im Hinterhof. Er weiß genau, wonach er Ausschau halten muss, und wird schon bald fündig. Auf dem Boden inmitten von Schutt und schlammiger Erde findet er drei kirschkerngroße Steinchen: menschliche Gallensteine. Kurze Zeit später taucht auch ein Gebiss auf, das die herbeigerufene Zahnärztin schnell als die dritten Zähne ihrer Patientin Olive Durand-Deacon identifiziert. Das Glück der Ermittler: Schwefelsäure greift Gallensteine und Kunststoff nicht so stark an wie menschliches Gewebe. Und auch Fettgewebe ist über eine längere Zeit widerstandsfähig. Der Gerichtsmediziner findet fast 15 Kilogramm menschliches Fett, außerdem Teile eines Fußes sowie 18 Knochenstücke, die die Schwefelsäure nicht vollständig zersetzt hat. Genügend Beweise, um John George Haigh nun doch des Mordes an Olive Durand-Deacon anzuklagen.

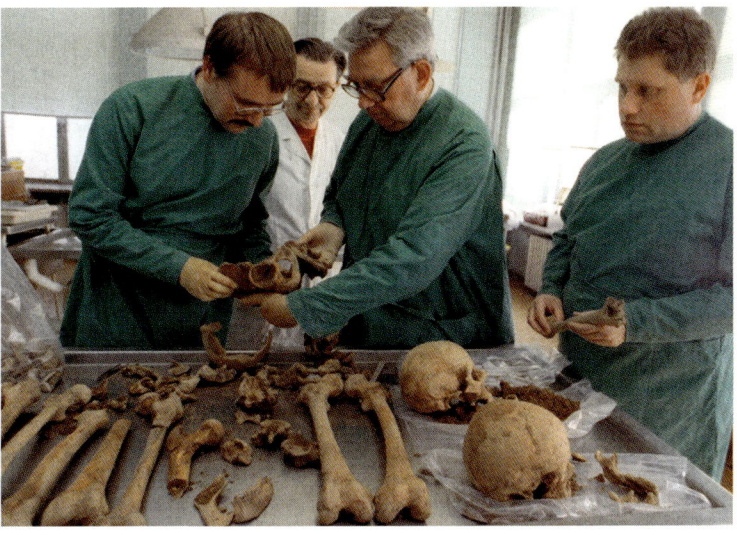

... können die Überreste der Opfer identifiziert werden.

Wissen *spezial*

Identifizierung anhand der Zähne

Die Zähne eines Menschen sind so unverwechselbar wie sein Fingerabdruck. Sie sind häufig ein wertvoller Fund, wenn zum Beispiel Leichen identifiziert werden müssen, die verbrannt oder schon verwest sind. Finden sich bei einem Zahnarzt Kieferabdrücke oder Röntgenbilder, können sie mit den Zähnen abgeglichen werden.

Endlich wird Haigh überführt und festgenommen.

Verrückt oder ziemlich gerissen?

Am 18. Juli 1949 beginnt der Gerichtsprozess gegen Haigh. Mit einer haarsträubenden Geschichte versucht der Angeklagte, das drohende Todesurteil abzuwenden. Er habe seine Opfer getötet, um ihr Blut zu trinken, berichtet er dem erstaunten Richter Travers Humphreys. Haigh plädiert auf nicht schuldig und hofft, der Haft zu entgehen, um als geisteskrank in eine Anstalt eingewiesen zu werden. Doch Staatsanwalt Sir Hartley Shawcross ruft 33 Zeugen auf, die gegen Haigh aussagen. Shawcross kann nachweisen, dass Haigh seine Opfer ermordete, um sich ihren Besitz anzueignen. Er fälschte Papiere und verkaufte dann ihre Habe. Der Staatsanwalt rekonstruiert außerdem die Ereignisse des Tages, an dem Olive Durand-Deacon verschwunden ist, und kann mithilfe von Augenzeugen beweisen, dass Haigh der Letzte war, der die Witwe an diesem Tag lebend gesehen hat. Ein psychiatrisches Gutachten belegt, dass Haigh keineswegs geisteskrank, sondern zurechnungsfähig ist. Die Geschworenen benötigen daher am 19. Juli nur 13 Minuten, um sich über Haighs Schuld einig zu werden: Er wird des Mordes aus Habgier für schuldig befunden und zum Tode verurteilt. Am 6. August 1949 wird er im Gefängnis Wandsworth im Süden von London gehängt. Wie vielen anderen Mördern in der Kriminalgeschichte ist es auch ihm nicht gelungen, das **perfekte Verbrechen** zu begehen.

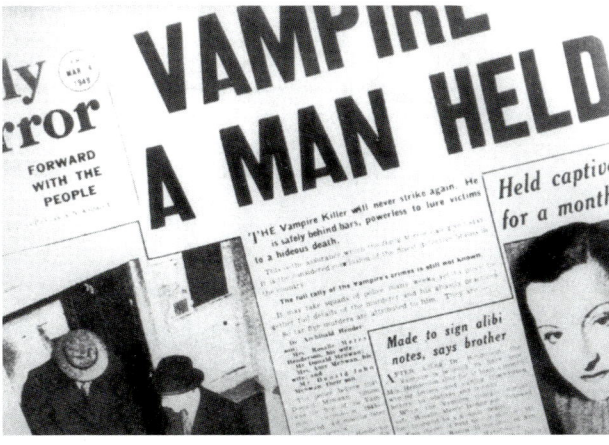

Dass Haigh angeblich das Blut seiner Opfer getrunken habe, erregt großes Aufsehen.

Thema Das perfekte Verbrechen – nur in der Fantasie

Krimiautoren haben sich viele Szenarien für einen perfekten Mord ausgedacht. Beliebt sind etwa Tatwaffen, die nach dem Mord spurlos verschwinden wie ein Eiszapfen, der schmilzt, nachdem das Opfer damit erstochen wurde. Melville Davisson Post (1869–1930) beschreibt in „Der Fall Doomdorf" (1918) einen Mann, der erschossen in einem Zimmer liegt, dessen Tür von innen verriegelt ist und dessen Fenster nicht geöffnet werden können. Wie ist er ermordet worden? Eine Flasche mit Alkohol bündelte die Sonnenstrahlen so stark, dass sie das Zündhütchen eines Gewehrs entflammten, das an der Wand hängt. Das Opfer wurde im Schlaf erschossen.

Die Räuber lauern bei Sears Crossing

Ronnie Biggs und der Jahrhundert-Eisenbahnraub

1963 in Buckinghamshire, England

„Was ist da los, David? Ein Haltesignal?"
„Seltsam, aber du hast recht, Jack, ich sehe es auch. Eindeutig ein rotes Licht."
„Aber warum sollten wir denn um drei Uhr in der Früh mitten auf der Strecke anhalten?
„Keine Ahnung, bis zum Bahnhof nach Cheddington sind es nur noch ein paar Meilen."
„Ist mir etwas unheimlich, mit dem ganzen Geld in den Waggons."

„Moment mal! Das nächste Signal, das ich sehen kann, steht wieder auf Grün."
„Hm ... merkwürdig. Lass uns anhalten und nachsehen."
„Am besten steige ich aus und versuche vom Streckentelefon aus den Bahnhof in Cheddington anzurufen."
„Okay. Der Zug steht. Du kannst aussteigen."
„Bin gleich zurück, Jack."
„Was ist das? Maskierte Männer stürmen die Lokomotive! Hilfe!!!"

Räuber stoppen den Postzug von Glasgow nach London.

Als der Zugführer Jack Mills (1905–1970) und sein Heizer David Whitby (1937–1972) in den frühen Morgenstunden des 8. August 1963 ihrer Diesellokomotive das rote Haltesignal bei „Sears Crossing" sehen, ahnen sie nicht, dass 15 maskierte Männer an den Gleisen darauf lauern, dass der **Postzug** anhält. Einige Minuten zuvor ist einer der Männer den Signalmast hinaufgeklettert und hat das grün leuchtende Signal mit einem Handschuh abgedeckt. Flink schließt er an das rote Haltesignal eine Sechs-Volt-Batterie an, und es beginnt zu leuchten. Ein deutliches Zeichen für den Lokführer, den Zug anzuhalten.

> ### Wissen *spezial*
>
> **Postzug als rollendes Postamt**
>
> Einige Postzüge in England waren rollende Postämter. Sie fuhren zum Beispiel von Glasgow nach London und transportierten die Briefe und Päckchen nicht nur. Um Zeit zu sparen, waren zahlreiche Postbeamte an Bord, die während der Fahrt in den Waggons die Post sortierten. Der erste Postzug dieser Art fuhr 1838 in Großbritannien.

Die Räuber kommen aus dem Dunkeln

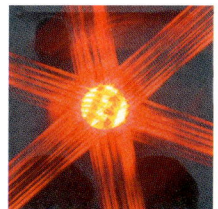

Als Whitby aussteigt, um nachzusehen, was los ist, wird er von einem maskierten Mann überwältigt. „Wenn du schreist, bring ich dich um!", raunt ihm der Maskierte zu. In Windeseile stürmen sechs Männer in die Führerkabine der Lokomotive, während zwei weitere die Kupplung zwischen dem zweiten und dritten Waggon lösen. Dann befehlen sie Jack Mills, den Zug wieder in Bewegung zu setzen. Nur wenige Hundert Meter weiter muss der Zug erneut anhalten – und kommt genau auf der Bridego-Brücke zum Stehen. Nun geht alles blitzschnell: Die Männer reißen die Tür des zweiten Waggons auf und setzen die fünf Wachleute darin außer Gefecht. Acht Männer stürmen mit Pickeläxten in den

Im Postzug: Während der Fahrt wird die Post sortiert.

Wissen *spezial*

Warum befand sich so viel Geld im Zug?
Mehrere Dutzend Banken aus Nordengland und Schottland schickten mit dem Postzug gebrauchte Geldscheine zu ihren Hauptstellen nach London. Dort sollten die abgegriffenen Scheine vernichtet und gegen neue ausgetauscht werden.

Die Freude am schnellen Geld währt nicht lange ... (Filmszene)

Posträuber stürmen den Postzug (Filmszene).

Waggon und schnappen sich die darin befindlichen 120 Postsäcke – die alle prall mit **Geld**scheinen gefüllt sind. Einen nach dem anderen lassen sie von der Brücke auf einen bereits wartenden Lastwagen fallen. Nach kaum 15 Minuten ist der Waggon leer geräumt und die Räuber sind verschwunden. Ihre Beute: 2,6 Millionen Pfund (umgerechnet etwa 55 Millionen Euro).

Als die Postbeamten in den abgehängten Waggons bemerken, dass die Lokomotive fehlt, sind die Räuber bereits auf und davon. Einer der Postbeamten, Thomas Miller, geht zu Fuß entlang der Gleise in Richtung der Bridego-Brücke und findet dort die Lok mit dem ausgeraubten Waggon. Seine Kollegen sind zum Glück unverletzt, nur der Lokführer Mills hat eine tiefe Platzwunde am Kopf. Von den Räubern jedoch keine Spur. Schnell läuft Mills zum Streckentelefon, um die Polizei zu benachrichtigen. Doch die Räuber haben vorgesorgt: Alle Drähte sind gekappt. Es gelingt Mills, einen vorbeifahrenden Zug anzuhalten, der ihn zum nächsten Bahnhof in Cheddington mitnimmt. Dort verständigt er die Polizei.

Beim Chef der Kriminalpolizei in Buckinghamshire, Detective Superintendent Malcolm Fewtrell (1909–2005), klingelt um 4.30 Uhr morgens das Telefon. „Bei Cheddington ist ein Zug ausgeraubt worden, Sir", sagt die Stimme am anderen Ende der Leitung. Fewtrell ist sofort hellwach. Als er kurz darauf um 5.00 Uhr am Tatort eintrifft, ist ihm noch nicht klar, dass der Postzugraub zum größten Fall seiner Karriere wird.

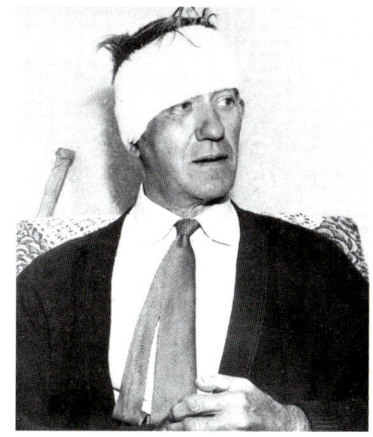

Der Zugführer Jack Mills wird von den Räubern verletzt.

Der Raub war perfekt geplant …

Am Tatort findet Fewtrell kaum Spuren. Auch als er im Bahnhof von Cheddington die 80 Postbeamten, die im Zug waren, befragt, erhält er nur wenige Hinweise. Die Zeugen können keinen der Täter beschreiben und es gibt auch keine Fingerabdrücke, da die Räuber Masken und Handschuhe trugen. Nur ein Hinweis könnte vielleicht weiterhelfen: „Rührt euch für 30 Minuten nicht von der Stelle", hat einer der Räuber dem verängstigten Whitby zugerufen. Fewtrell schließt daraus, dass die Täter etwa 30 Minuten brauchten, um in Sicherheit zu gelangen. Er vermutet, dass sie zur nahe gelegenen Autobahn M1 geflohen und dann in Richtung London gefahren sind, um dort unterzutauchen. Fewtrell ruft Scotland Yard in London an, um Hilfe anzufordern. Gleichzeitig lässt er seine Polizisten das Gelände in einem Umkreis von 35 Meilen durchsuchen. Als Detective Superintendent Gerald MacArthur und Detective Sergeant Jack Pritchard von Scotland Yard am Nachmittag des 8. August am Tatort erscheinen, gibt es noch keine heiße Spur. Die Kriminalisten wissen, dass die Wahrscheinlichkeit, die Räuber zu schnappen, sinkt, je mehr Zeit vergeht. Fieberhaft arbeiten sie in den nächsten Tagen an dem Fall. Sie setzen sogar eine Anzeige in die Zeitung, in der sie die Bevölkerung um Hinweise bitten.

... aber nicht perfekt genug

Tatsächlich meldet sich am 12. August 1963 ein Landwirt aus Oakley. John Marris berichtet, dass die benachbarte Leatherslade Farm kürzlich verkauft worden sei. Obwohl er die Eigentümer habe einziehen sehen, sei die Farm jetzt verlassen, die Fenster verrammelt. Als Fewtrell und die Detectives von Scotland Yard die Örtlichkeiten inspizieren, finden sie mehrere leere Postsäcke, leere Banderolen, die Geldbündel zusammengehalten haben, und 600 Pfund in bar. Außerdem einen Lastwagen sowie drei weitere Autos. Es besteht kein Zweifel: Hier hatten sich die Räuber versteckt. Aber sie waren nachlässig. Sofort lässt Fewtrell Spuren sichern. Tatsächlich finden die Spezialisten etliche Fingerabdrücke.

Unterschlupf für kurze Zeit: In einem einsamen Landhaus versteckten sich die Täter nach dem Überfall ...

... um dort mit echtem Geld Monopoly zu spielen.

Schon wenige Tage später gibt es Fahndungserfolge, die ersten Verdächtigen werden verhaftet. Bis zum 3. Dezember 1963 kann die Polizei zwölf mutmaßliche Täter festnehmen und 300 000 Pfund sicherstellen. Am 20. Januar 1964 beginnt der Prozess, und die Hauptangeklagten werden nur wenige Wochen später zu drakonischen Strafen von 30 Jahren Haft verurteilt. „Sie werden für ein Verbrechen verurteilt, das in seiner Dreistigkeit und Ungeheuerlichkeit in diesem Jahrhundert einzigartig ist", sagt Richter Edmund Davies (1906–1992) zu ihnen. Doch zwei der Anführer der Bande, Bruce Reynolds (* 1931) und Buster Edwards (1931–1994), sind immer noch auf der Flucht. Erst 1966 stellt sich Edwards der Polizei, und 1968 gelingt es den Fahndern, auch den letzten der Bankräuber, Bruce Reynolds, aufzuspüren. Doch die Geschichte des „Großen

Nach Ronald Biggs muss die Polizei lange suchen.

Postzugraubes" ist damit immer noch nicht beendet. Einer der verurteilten Bankräuber, Ronnie Biggs (* 1929), wird die Polizei noch über 30 Jahre lang in Atem halten.

Ronnie Biggs – auf der Flucht

Am 7. Juli 1965, um 15.00 Uhr, hält ein Möbelwagen vor der neun Meter hohen Mauer des Gefängnisses Wandsworth im Süden Londons. Zwei Männer steigen auf das Dach des Lkws. Im Gefängnishof vertreten sich die Gefängnisinsassen gerade die Beine. Plötzlich sieht einer der Gefängnisaufseher, wie ein Seil und eine Strickleiter an der Mauer heruntergelassen werden. Vier Gefangene, darunter Ronnie Biggs, stürmen auf die Leiter zu, klettern sie hoch und verschwinden über die Mauer, noch während

Thema | Juwelenraub mit verändertem Aussehen

Im August 2009 raubten zwei Männer aus einem Juweliergeschäft in London Schmuck im Wert von 47 Millionen Euro. Obwohl die Gesichter der unmaskierten Männer auf den Überwachungskameras des Geschäfts gut zu sehen waren, tappte die Polizei bei der Fahndung lange im Dunkeln.

Später stellte sich heraus, dass die Räuber Latexmasken mit falschen Gesichtern trugen, die ihre Gesichtszüge veränderten und sie jünger aussehen ließen. Doch die Räuber hinterließen ihre DNA bei dem Maskenbildner, der ihnen die Masken anfertigte. Nur wenige Tage nach dem Raub wurden erste Verdächtige festgenommen.

der Aufseher Alarm schlägt. Die Polizei gibt sofort eine Suchmeldung an alle Streifenwagen sowie Häfen und Flughäfen heraus, aber Ronnie Biggs ist wie vom Erdboden verschluckt. Er flieht zunächst nach Paris, wo er sich eine neue Identität zulegt und durch eine Gesichtsoperation **sein Aussehen verändert**. Dann flüchtet er weiter nach Australien und 1969 nach Brasilien. Von Anfang an ist ihm Jack Slipper (1924–2005) von Scotland Yard auf den Fersen. Als Slipper 1974 einen heißen Tipp bekommt, macht er sich sofort auf den Weg in die Hauptstadt Brasiliens, Rio de Janeiro. Tatsächlich gelingt es ihm, Ronnie Biggs in einem Hotelzimmer in Rio festzunehmen. Doch seine Freude, den meistgesuchten Mann Englands in Handschellen zurückzubringen, hält nicht lange an. Brasilien hat mit England kein gegenseitiges **Auslieferungsabkommen**. Slipper muss Biggs wieder freilassen und unverrichteter Dinge zurück nach England fliegen. Biggs lebt noch einige Jahre unbehelligt von den Behörden in Brasilien. Am 7. Mai 2001 jedoch kehrt Biggs freiwillig nach England zurück. Nach 36 Jahren ist seine Flucht zu Ende. Bei seiner Einreise wird er sofort verhaftet und wieder ins Gefängnis gebracht, um die restlichen 28 Jahre seiner Haftstrafe abzusitzen. Am 6. August 2009 wird der fast 80-Jährige begnadigt und aus der Haft entlassen.

> **Wissen** *spezial*
>
> **Was regelt ein Auslieferungsabkommen?**
> Die Polizei eines Landes darf einen Verbrecher nicht in einem anderen Land festnehmen und dann über die Grenze zurückführen. Nur wenn die beiden Staaten einen Vertrag über die Auslieferung von Straftätern abgeschlossen haben, kann der mit Haftbefehl gesuchte Verdächtige von dem Land, in dem er sich versteckt hält, an das Land, in dem er gesucht wird, ausgeliefert werden.

Nach vielen Jahren stellt sich Biggs den Behörden.

Mysteriöse Schüsse in Dallas

Das Attentat auf John F. Kennedy

1963 in Dallas

„Guten Tag, meine Damen und Herren, wir unterbrechen unser Programm für eine wichtige Meldung. Vor etwa zehn Minuten gab es in Dallas einen tragischen Zwischenfall: **Auf Präsident Kennedy wurde geschossen. Er fuhr in einer offenen Limousine stadtauswärts, als die Schüsse fielen. Mrs. Kennedy**

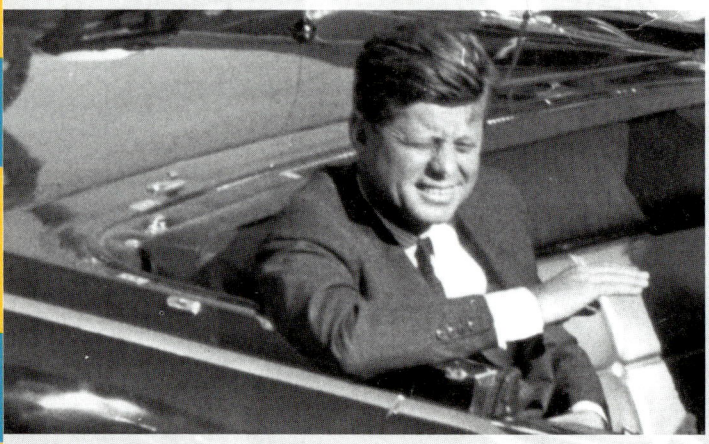

sprang auf und packte ihren Mann. Der Wagen des Präsidenten nahm sofort Geschwindigkeit auf und fuhr ins Krankenhaus. Fotograf James Altgens von der Nachrichtenagentur Associated Press berichtet, er habe Blut gesehen ... Blut am Kopf des Präsidenten. Der Reporter sagt, er habe zwei Schüsse gehört und dachte zuerst, jemand habe Feuerwerkskörper abgefeuert. Aber dann sah er das Blut ..."

Jay Watson von dem Fernsehsender WFAA-TV 8 berichtet von dem Attentat auf John F. Kennedy.

Die offene Limousine, in der US-Präsident John F. Kennedy (1917–1963) und die First Lady Jacqueline Kennedy sowie der Gouverneur von Texas, John Connally (1917–1993), und seine Frau Nellie sitzen, befindet sich am 22. November 1963 auf dem Weg vom Flughafen Dallas Love Field zum Handelszentrum in Dallas, wo der Präsident eine Rede vor 2600 Persönlichkeiten aus Wirtschaft und Politik halten soll. Mehrere Hunderttausend Menschen säumen die Straßen entlang der Route, die der Autokonvoi durch Dallas nimmt, und jubeln dem Präsidentenpaar zu. Um 12.30 Uhr biegt der Konvoi in die Elm Street ein, die über einen parkähnlichen Platz, die Dealey Plaza, führt.

Die Kennedys werden bei ihrer Ankunft in Dallas gefeiert.

Plötzlich fallen Schüsse, einer davon trifft John F. Kennedy am Kopf. „Mein Gott, sie bringen uns alle um", schreit Connally in Panik. Auch er wird von einer Kugel getroffen. Der Fahrer der Limousine beschleunigt sofort und rast mit Blaulicht und Sirene in das nahe gelegene Parkland Memorial Hospital. Dort versuchen die Ärzte verzweifelt, das Leben des Präsidenten zu retten, aber die Schussverletzungen sind so schwerwiegend, dass sie nur noch seinen Tod feststellen können. Der Pressesprecher des Weißen Hauses, Malcolm Kilduff, verkündet den wartenden Reportern um 13.30 Uhr die schreckliche Nachricht: „Präsident John F. Kennedy verstarb heute um 13.00 Uhr hier in Dallas. Er erlag seinen schweren Verletzungen, die durch einen Kopfschuss herbeigeführt wurden." Die Leiche des Präsidenten wird sofort an Bord der **Air Force One** gebracht und nach Washington zurückgeflogen. Noch während des Fluges

Wissen spezial

Air Force One
Die Air Force One ist das Flugzeug, das den Präsidenten der Vereinigten Staaten von Amerika auf seinen Reisen befördert. An Bord befinden sich ein Arbeitszimmer, eine Krankenstation, ein Konferenz- und ein Presseraum sowie abhörsichere Telefone. Das Flugzeug kann in der Luft betankt werden und hat daher eine fast unbegrenzte Reichweite.

In einem Schnellverfahren wird Lyndon B. Johnson zum Präsidenten ernannt.

wird Vizepräsident Lyndon B. Johnson (1908–1973) als 36. Präsident der Vereinigten Staaten vereidigt.

Was haben die Zeugen gehört?

In der Zwischenzeit suchen Polizisten am Tatort nach Hinweisen auf den Attentäter. Woher kamen die Schüsse? Einige Zeugen wollen drei Schüsse gehört haben, die von einem Grashügel abgefeuert wurden. Polizisten laufen sofort den Hügel hinauf. Hatte sich der Schütze hinter einem 1,50 Meter hohen Holzzaun versteckt? Aber der dahinter gelegene Parkplatz ist leer, und es finden sich dort keine Spuren. Andere Zeugen berichten, sie hätten einen Mann mit einem Gewehr in einem Fenster des fünften Stocks des **School Book Depository** etwas weiter östlich gesehen. Deputy Constable Seymour Weitzman und Sheriff Eugene Boone durchsuchen das Gebäude. Tatsächlich finden sie im fünften Stock ein Gewehr und drei Patronenhülsen. Ist das die Mordwaffe? Hat der Schütze aus einem der Fenster des Schulbuchlagers auf den Präsidenten gezielt?

Die Zeitungen sind voll mit Berichten über das Attentat.

Führt ein weiterer Mord zu dem Attentäter?

Zur gleichen Zeit ereignet sich in einem anderen Stadtteil von Dallas ein weiterer Mord. Police Officer J. D. Tippit (1924–1963) hört über Polizeifunk die Beschreibung des mutmaßlichen Attentäters von Präsident Kennedy: ein Weißer, schlank, etwa 30 Jahre alt, 1,78 Meter groß und 75 Kilogramm schwer. Gegen 13.15 Uhr fährt Tippit auf der East 10th Street im Stadtteil Oak Cliff, als er am Straßenrand einen Mann sieht, auf den die Beschreibung genau passt. Er schließt mit seinem Streifenwagen zu ihm auf, kurbelt die Scheibe herunter und spricht den Mann an. Als Tippit aussteigt, zieht der Angesprochene plötzlich einen Revolver und eröffnet sofort das Feuer auf den Polizisten. Tödlich getroffen sinkt Tippit auf dem Gehweg zusammen. Mehrere Zeugen beobachten den Mord und rufen die Polizei. Sofort nehmen Streifenwagen die Verfolgung auf.

> **Wissen spezial**
>
> **Das Texas School Book Depository**
> In dem sechsstöckigen Gebäude an der Elm Street lagerte der Bundesstaat Texas Schulbücher. Der mutmaßliche Schütze soll aus dem fünften (nach amerikanischer Zählung: sechsten) Stock geschossen haben. Heute befindet sich in den beiden oberen Stockwerken das „Sixth Floor Museum", dort wird das Attentat auf John F. Kennedy dokumentiert.

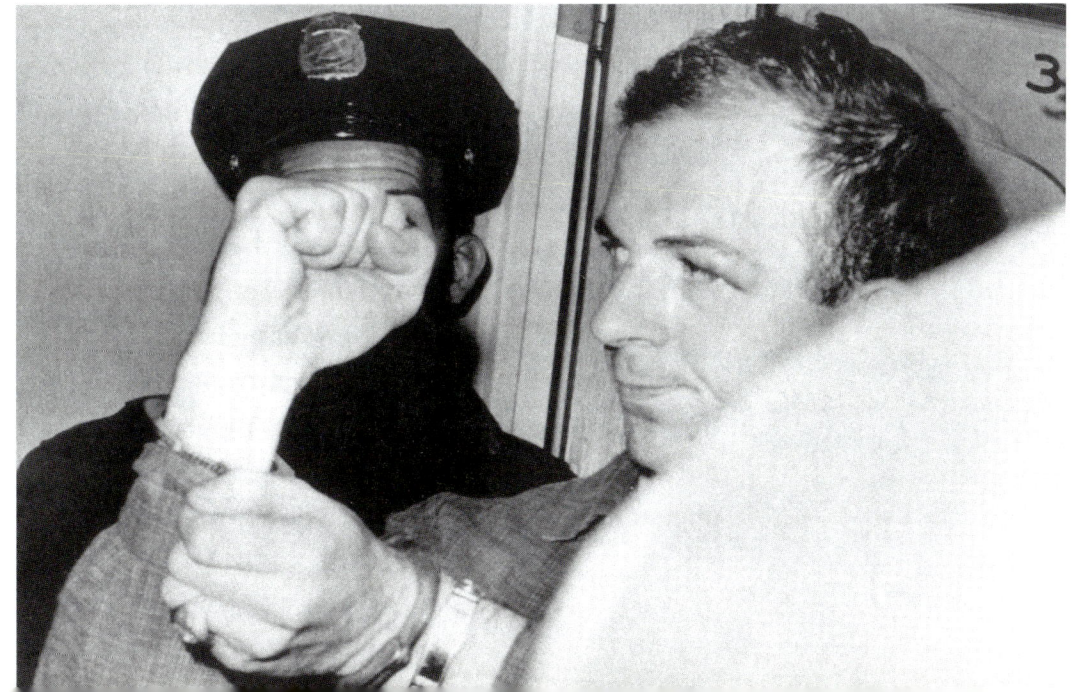

Ist er der Killer? Lee Harvey Oswald nach seiner Verhaftung

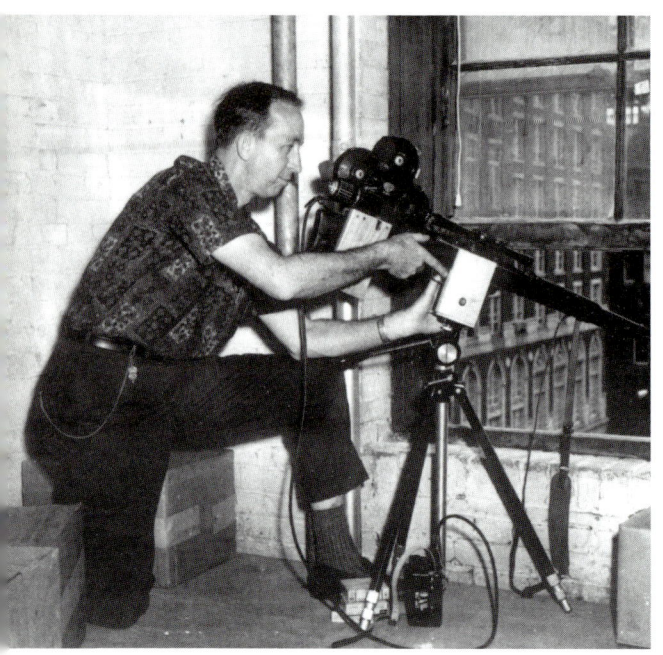

Von einem Fenster aus soll der Schütze den Präsidenten ins Visier genommen haben.

Nur wenige Minuten später wird Lee Harvey Oswald (1939–1963) in einem Kino in der Nähe des Tatorts festgenommen. Tatverdacht: Mord an dem Police Officer J. D. Tippit. „Ich habe niemanden ermordet. Ich bin nur ein Sündenbock!", ruft Oswald Reportern zu, die vor dem Polizeihauptquartier warten. Oswald wird von Detective Jim Leavelle (* 1920) und Captain J. W. Fritz vernommen. Als Oswald seine Personalien zu Protokoll gibt, stellt sich heraus, dass er seit dem 15. Oktober 1963 im Texas School Book Depository angestellt ist. Sein Chef hatte ihn kurz nach dem Attentat an Kennedy der Polizei gemeldet. Er sagte, es sei ihm verdächtig vorgekommen, dass Oswald nach dem Attentat seine Arbeit verlassen habe und nicht mehr zurückgekommen sei. Zeugen wollen ihn am Morgen des Attentats beobachtet haben, wie er mit einem länglichen, in Packpapier eingewickelten Gegenstand – angeblich einer Gardinenstange – das Book Depository betreten habe. Captain Fritz ist sich sicher: Oswald ist der Verdächtige, der wegen des Mordes an Präsident Kennedy gesucht wird.

Oswald wird verhört, aber er beteuert seine Unschuld. Er streitet ab, Tippit und Kennedy ermordet zu haben, und er leugnet, ein Gewehr zu besitzen und am Morgen das Book Depository mit einem Päckchen betreten zu haben. Am Abend erkennen ihn Zeugen des Mordes an dem Police Officer bei einer **Gegenüberstellung** wieder. Am Ende des Tages erhebt Rich-

Wissen *spezial*

Was passiert bei einer Gegenüberstellung?
Bei einer Gegenüberstellung werden dem Augenzeugen eines Verbrechens mehrere Personen vorgeführt, von denen eine der Tatverdächtige ist, die anderen jedoch unschuldig. Der Augenzeuge soll dann den mutmaßlichen Täter identifizieren.

ter David L. Johnston Anklage gegen Lee Harvey Oswald wegen Mordes an J. D. Tippit und John F. Kennedy.

Nach stundenlangen Verhören im Polizeihauptquartier soll Oswald am 24. November 1963 zur Untersuchungshaft in das Staatsgefängnis von Texas überführt werden. Mehrere Polizisten begleiten den mutmaßlichen Attentäter auf dem Weg zu dem gepanzerten Fahrzeug, das ihn ins Gefängnis bringen soll. In der Eingangshalle des Polizeihauptquartiers warten bereits unzählige Zeitungs- und Fernsehreporter, um Bilder von dem mutmaßlichen Kennedy-Mörder live zu übertragen. Aus dem Gedränge der Journalisten löst sich plötzlich eine Person mit einer Waffe in der Hand – und schießt auf Lee Harvey Oswald. Vor laufenden Kameras bricht Oswald zusammen. Der Schütze wird sofort festgenommen. Der 56-jährige Barbesitzer

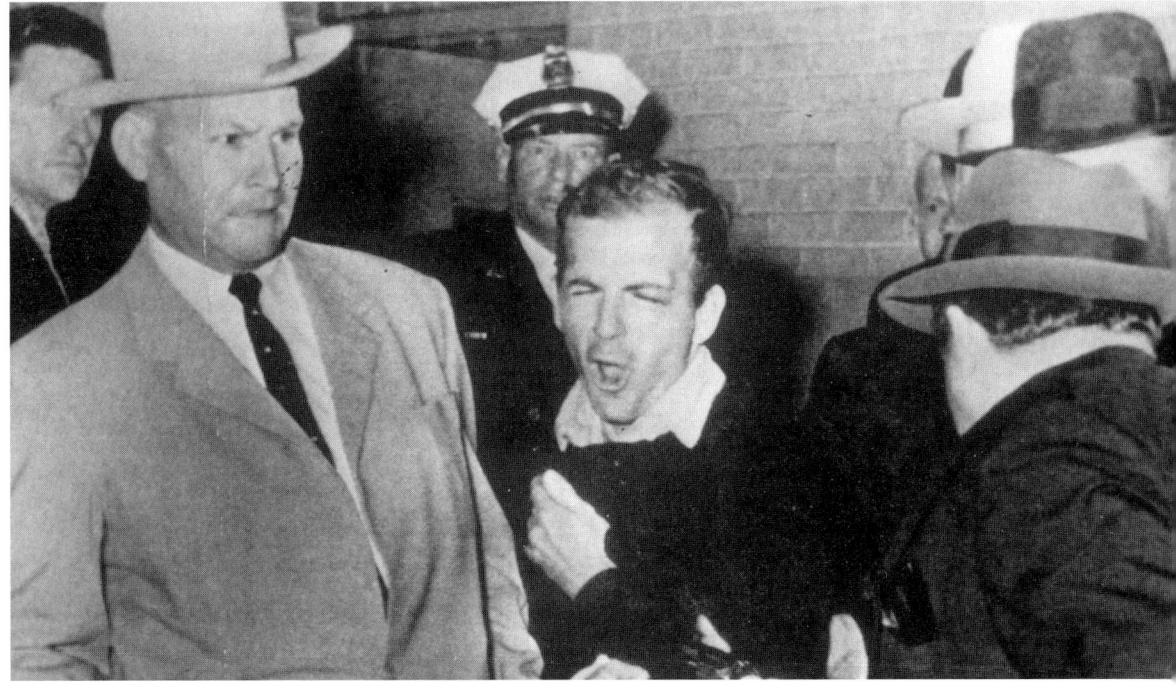

Im Polizeipräsidium erschießt Jack Ruby Lee Harvey Oswald.

Jackie und John F. Kennedy kurz vor den tödlichen Schüssen.

Jack Ruby gibt an, Kennedys Attentäter ermordet zu haben, um den Präsidenten zu rächen. Er wird zum Tode verurteilt, stirbt aber 1967 in der Todeszelle an Krebs.

Das Attentat – eine Verschwörung?

Mit dem Tod von Oswald ist der Fall Kennedy jedoch längst nicht abgeschlossen. Es gibt zu viele Zweifel an den Ermittlungen von Polizei und FBI und der offiziellen Darstellung. War Oswald der einzige Schütze oder gab es einen weiteren?

Nur wenige Minuten nach dem Attentat auf Präsident Kennedy taucht ein Amateurvideo auf. Abraham Zapruder (1905–1970) filmt von der Elm Street aus zufällig das Verbrechen. Der 26 Sekunden lange Film, der heute weltberühmt ist, scheint zu zeigen, dass der Schuss, der Kennedy tödlich in den Kopf trifft, von vorne kommt, da der Kopf des Präsidenten nach hinten geschleudert wird. Das wäre bei einem Schuss vom Book Depository aus unmöglich gewesen, da es sich zu diesem Zeitpunkt bereits hinter der Limousine des US-Präsidenten befindet. Gab es einen zweiten Schützen auf dem Grashügel, der sich zum Zeitpunkt des Schusses rechts vor dem Wagen befand, so wie es einige Dutzend Zeugen ausgesagt haben? Warum wurde nie nach einem weiteren Attentäter gefahndet? War Oswald ein Lockvogel für die Polizei, um die wahren Hintergründe des Attentats zu vertuschen? Wer waren die Auftraggeber? Die Mafia? Das kommunistische Kuba? Womöglich sogar die CIA oder Mitglieder der US-Regierung? Bis heute wird über die Hintergründe des **Attentats** an John F. Kennedy spekuliert. Einen Teil der Ermittlungsakten hält die US-Regierung noch unter Verschluss, erst 2017 sollen die Dokumente veröffentlicht werden. Vielleicht bringen sie Licht in einen der aufsehenerregendsten Mordfälle des 20. Jahrhunderts.

Nach dem Attentat bricht in Kennedys Wagen Panik aus.

Thema Attentate auf Präsidenten der USA

John F. Kennedy war nicht der einzige amerikanische Präsident, der einem Attentat zum Opfer fiel. 1865 wurde Abraham Lincoln erschossen. 1901 wurde William McKinley von dem Anarchisten Leon Czolgosz ermordet. 1912 wird der Präsident Theodore Roosevelt angeschossen und verletzt. 1933 verfehlt Giuseppe Zangara Präsident Franklin D. Roosevelt nur

knapp. 1950 schießt der Puertoricaner Griselio Torresola auf Präsident Harry S. Truman, der jedoch unverletzt überlebt. 1975 werden zwei Attentate auf Präsident Gerald Ford vereitelt. 1981 wird Präsident Ronald Reagan angeschossen und verletzt.

Was wusste **Richard Nixon?**

Die Watergate-Affäre erschüttert die USA

1972 in Washington

„Halt, Polizei! Stehen bleiben! Hände hoch und keine Bewegung! So ist es gut, schön langsam … Okay, Männer, legt ihnen Handschellen an und durchsucht sie … Was haben wir denn da? Einbruchwerkzeug, Brecheisen, ein Walkie-Talkie, einen Empfänger für Polizeifunk, zwei Fotoapparate, 40 Rollen unbelichteten Film, 2300 Dollar in bar und … oh, Mikrofone und … eine Abhörvorrichtung? Hier stimmt was nicht! Das sind keine gewöhnlichen Einbrecher! Ich rufe Verstärkung. Metropolitan Police, bitte kommen, hier spricht Sergeant Paul Leper. Wir haben fünf Einbrecher im Watergate-Komplex festgenommen und brauchen ein paar Detectives zur Verstärkung. Sieht aus, als hätten ein paar Profis das Büro von Lawrence O'Brien verwanzen wollen."

Polizisten nehmen fünf Einbrecher im Hauptquartier der Demokratischen Partei, dem Watergate-Gebäude, fest.

Was wusste Richard Nixon? *Die Watergate-Affäre erschüttert die USA*

Nachdem die fünf Einbrecher am 17. Juni 1972 um 2.30 Uhr nachts im sechsten Stock des Watergate-Gebäudes auf frischer Tat ertappt und festgenommen worden sind, wird der Polizei schnell klar, dass es sich nicht um einen gewöhnlichen Einbruch handelt. Zwei Aktenschränke sind geöffnet und Papiere auf den Schreibtischen ausgebreitet. Die Einbrecher wollten offenbar Dokumente der **Demokratischen Partei** fotografieren und eine Abhöranlage in einem der Büros einbauen. Aber warum? Als die fünf Männer dem Haftrichter vorgeführt werden, verweigern sie die Aussage. Warum hatten sie so viel Bargeld dabei? Warum wurde bei ihnen nur ein Walkie-Talkie gefunden? Wer benutzte das andere? Ein Helfer, der sie während des Einbruchs bei Gefahr per Funk warnen sollte? Gibt es Hintermänner? Und wer sind sie? Doch die Einbrecher schweigen.

Als sich herausstellt, dass einer der fünf Einbrecher, James McCord (* 1924), ein ehemaliger Mitarbeiter des amerikanischen Geheimdienstes CIA (Central Intelligence Agency) ist und als Sicherheitsbeauftragter in dem Komitee zur Wiederwahl des amtierenden US-Präsidenten Richard Nixon

Wissen *spezial*

Die Demokratische Partei
Die Demokratische Partei ist eine der beiden großen politischen Parteien in den USA. Die andere ist die Republikanische Partei. Fast alle Präsidenten der Vereinigten Staaten von Amerika gehörten einer der beiden Parteien an. Zur Zeit der Watergate-Affäre war der Republikaner Richard Nixon Präsident.

Der Watergate-Komplex, in dem unter anderem ein Hotel untergebracht ist

Richard Nixon und seine Frau

(1913–1994) arbeitet, wird auch die Presse hellhörig. Wurde der Einbruch von hochrangigen Politikern in Auftrag gegeben?

Ein politischer Skandal

Zwei Reporter der Tageszeitung „Washington Post", Carl Bernstein (* 1944) und Bob Woodward (* 1943), wittern einen Skandal und beginnen mit der Recherche. In den Hotelzimmern, die die Einbrecher am Tag vor dem Einbruch angemietet hatten, findet die Polizei weitere 4600 Dollar in bar, noch mehr Abhörvorrichtungen und ein Adressbuch. Ein Informant bei der Polizei gibt Bernstein und Woodward einen Tipp. Ein mysteriöser Eintrag in dem Adressbuch lautet: „Howard Hunt im W. Haus". Hatte einer der Einbrecher Kontakt zu Howard Hunt (1918–2007), einem ebenfalls ehemaligen CIA-Agenten, der jetzt für Charles Colson (* 1931), den Sonderberater und engsten Vertrauten von Präsident Nixon, arbeitet? Hunt verweigert den Reportern eine Stellungnahme. Woodward und Bernstein befragen daraufhin Personen im Umfeld von Hunt, doch sie treffen auf eine Mauer des Schweigens. Die Zeugen leugnen, können sich nicht mehr erinnern, verstricken sich in Widersprüche oder ändern ihre Aussage innerhalb von Minuten. Was versuchen sie zu vertuschen?

Bob Woodward nimmt Kontakt zu einem seiner Informanten auf, einem hochrangigen Mitarbeiter des FBI, der im Watergate-Fall ermittelt. Sein Name muss unter allen Umständen geheim bleiben. Würde bekannt werden, dass er geheime Informationen des FBI an die Presse weitergibt, riskierte er nicht nur seinen Job, sondern womöglich auch sein Leben.

Wissen spezial

Das Komitee zur Wiederwahl des Präsidenten

Das Komitee zur Wiederwahl des Präsidenten („Committee to Re-elect the President" oder kurz: CRP) wurde 1971 gegründet. Es sammelte Spendengelder und organisierte Wahlkampfveranstaltungen mit dem Ziel, dass der 1968 für vier Jahre gewählte Präsident Richard Nixon bei der Präsidentschaftswahl 1972 erneut als Sieger hervorgeht.

Carl Bernstein und Bob Woodward versuchen fieberhaft, den Fall aufzuklären (Filmszene).

Unter dem Decknamen „Deep Throat" wird er als anonyme Quelle in der Watergate-Affäre bekannt. Seine Identität wird erst 2005, 33 Jahre nach dem Watergate-Skandal gelüftet. Woodward und Deep Throat treffen sich nachts in einer dunklen Tiefgarage. Woodward wechselt mehrere Male das Taxi, um sicherzugehen, dass er nicht verfolgt wird. „Folgen Sie dem Geld", lautet Deep Throats Rat.

Brisante Enthüllungen

Der Tipp erweist sich als heiße Spur. Tatsächlich findet sich auf dem Konto eines der Einbrecher in Miami eine Einzahlung über 25 000 Dollar. Das Brisante daran: Das Geld stammt vom **Komitee zur Wiederwahl** des Präsidenten. Woodwards und Bernsteins Recherchen ergeben, dass aus dieser Quelle insgesamt mehrere Hunderttausend Dollar an die fünf Einbrecher geflossen sind. Wer hat das Geld angewiesen und damit den Einbruch bezahlt? Die Reporter fin-

W. Mark Felt Sr. (1913–2008) war Deep Throat.

den heraus, dass nur fünf Personen Zugriff auf den Spendenfonds des Komitees haben: unter ihnen John Mitchell (1913–1988), der Vorsitzende des Komitees und ehemalige Justizminister der USA. Jetzt ist klar, dass auch Mitglieder der Regierung in die Verschwörung verwickelt sind.

Doch warum gibt das Komitee den Auftrag, eine Abhöranlage in die Büros des politischen Gegners einzubauen? Hat die Aktion etwas mit der anstehenden Präsidentschaftswahl im Herbst 1972 zu tun? Woodward und Bernstein finden heraus, dass der Watergate-Einbruch Teil einer groß angelegten illegalen Spionage- und Sabotageaktion der Republikaner ist. Die politischen Gegner der republikanischen Partei, die Demokraten, wurden gezielt ausspioniert, beschattet und abgehört, verleumdet und eingeschüchtert. Belastende Details aus dem Privatleben demokratischer Politiker wurden gesammelt und im Wahlkampf den Medien zugespielt. So sollten die demokratischen Präsidentschaftskandidaten politisch vernichtet werden.

Noch wird Nixon gefeiert. Das Komitee zur Wiederwahl des Präsidenten organisierte Wahlkampfveranstaltungen.

Die Spur führt ins Weiße Haus

Die brennendste Frage ist nun: Wusste auch Präsident Nixon von den kriminellen Machenschaften seiner Mitarbeiter? Hat er den Watergate-Einbruch womöglich selbst in Auftrag gegeben? Am 17. Mai 1973 beginnt ein Untersuchungsausschuss damit, Mitglieder der Regierung und Berater des Präsidenten zu verhören, um den Hintergründen und den Drahtziehern des Watergate-Einbruchs auf die Spur zu kommen. Die Mitglieder des Ausschusses, darunter Politiker und Anwälte, wollen herausfinden, wer an der Verschwörung beteiligt war, und die Schuldigen hinter Gitter bringen. Am 3. Juni 1973 können Woodward und Bernstein eine Sensation berichten: John Dean (* 1938), der ehemalige Chefberater von Präsident Nixon, sagt vor dem Untersuchungsausschuss aus, er habe zwischen Januar und April 1973 mehrfach mit dem Präsidenten über den Watergate-Einbruch gesprochen und über eine Taktik nachgedacht, wie man ihn am besten vertuschen könne. Deans Angaben zufolge wusste Nixon, dass den Einbrechern Schweigegelder in Millionenhöhe gezahlt wurden.

Carl Bernstein (oben) und Bob Woodward (unten)

Nixon beharrt darauf, nichts von dem Einbruch und dessen Vertuschung gewusst zu haben. Die Ermittler brauchen Beweise, sonst steht Aussage gegen Aussage. Und sie haben Glück. Am 13. Juli 1973 sagt Nixons ehemaliger Sekretär Alexander Butterfield (* 1926) aus, dass alle Gespräche in Nixons Büro auf Tonband aufgezeichnet werden. Nixon

Wissen spezial

Der Kongress der USA
Der Kongress der Vereinigten Staaten erlässt Gesetze und kontrolliert die Regierung und den Präsidenten. Er besteht aus dem Senat und dem Repräsentantenhaus, der Volksvertretung. In den Senat entsendet jeder der 50 Bundesstaaten der USA zwei Abgeordnete. Die 435 Abgeordneten des Repräsentantenhauses werden vom Volk gewählt.

und einige seiner engsten Vertrauten wussten von den versteckten Mikrofonen. Tausende Gespräche sind ohne das Wissen der Anwesenden mitgeschnitten worden. Der Untersuchungsausschuss fordert sofort die Bänder an. Die mitgeschnittenen Gespräche Nixons könnten den Beweis erbringen, dass der Präsident in die kriminellen Machenschaften verwickelt ist. Doch Nixon verweigert die Herausgabe.

Nixons Fall

Am 24. Juli 1974 entscheidet der Oberste Gerichtshof der Vereinigten Staaten, dass das Weiße Haus die Bänder herausgeben müsse. Eine Entscheidung, die verhängnisvolle Folgen für Präsident Nixon haben wird. Denn nur wenig später erfährt die amerikanische Öffentlichkeit von einem Gespräch zwischen Nixon und

Thema Politische Skandale – nicht nur in den USA

Ungesetzliche Machenschaften von Politikern wie Bestechung und Machtmissbrauch, die von den Medien aufgedeckt werden, gab es auch in Deutschland. In den 1980er-Jahren bestachen Mitarbeiter des Flick-Konzerns Mitglieder des Bundestags, um Steuererleichterungen für das Unternehmen zu kaufen. Die Bestechungsgelder wurden als Parteispenden ausgegeben. 1962 ließen Regierungsmitglieder Redakteure des Nachrichtenmagazins „Der Spiegel" wegen eines kritischen Artikels verhaften und die Redaktionsräume durchsuchen. Der Verstoß gegen die im Grundgesetz verankerte Pressefreiheit führte in der Bevölkerung zu massiven Protesten.

Nixon glaubt an seinen Sieg.

seinem Stabschef Bob Haldeman (1926–1993), das am 23. Juni 1972, also nur sechs Tage nach dem Watergate-Einbruch, auf Tonband aufgezeichnet wurde. Haldeman schlägt Nixon darin vor, die Ermittlungen des FBI zu verschleppen und so den Einbruch zu vertuschen. „Der Einbruch bei den Demokraten … ist ein Problem", sagt Haldeman. „Das FBI ist nicht unter Kontrolle, die haben ziemlich viel herausgefunden. Die CIA muss dem FBI einen Riegel vorschieben, damit die nicht weiterermitteln."

Das Tonband beweist, dass der Präsident gelogen hat und bereits von Beginn an von der Vertuschung des Verbrechens wusste. Ein Skandal! Nixon hat gegen Gesetze verstoßen und ist als Präsident untragbar geworden. Der Kongress will darüber abstimmen, ob der Präsident seines Amtes enthoben wird. Die Vorwürfe sind schwerwiegend: Behinderung der Strafverfolgung und Machtmissbrauch. Doch Nixon kommt einem Amtsenthebungsverfahren („Impeachment") zuvor. Am 9. August 1974 tritt er zurück. Bis zu seinem Tod 1994 besteht er darauf, unschuldig zu sein. Der Watergate-Skandal geht als der größte politische Skandal der USA in die Geschichte ein.

Tonbänder beweisen, dass Nixon gelogen hat.

Der Spion im Kanzleramt

Günter Guillaume stürzt den Bundeskanzler

1973 in Bonn

„Haben Sie einen Mitarbeiter mit französisch klingendem Namen, Herr Bundeskanzler?"
„Ja, es gibt einen Referenten namens Guillaume."
„Welche Tätigkeit übt Herr Guillaume aus?"
„Er ist innerhalb des Kanzleramts für meine Kontakte zur SPD zuständig, organisiert Treffen, macht Termine, Sie wissen schon. Aber warum fragen Sie?"
„Es gibt da einen Verdacht."
„Einen Verdacht?"
„Der Leiter des Verfassungsschutzes hat mich informiert. Es wurden Funksprüche abgefangen. Aus dem Osten Deutschlands."
„Sie meinen, dieser kleinkarierte Parteifunktionär ist ... ein Spion?"
„Ja. Es deutet einiges darauf hin, dass Günter Guillaume ein Agent der Stasi ist."

Bundesinnenminister Hans-Dietrich Genscher unterrichtet Bundeskanzler Willy Brandt über einen Spion im Kanzleramt.

Der Spion im Kanzleramt — *Günter Guillaume stürzt den Bundeskanzler*

Die Nachricht, die Bundesinnenminister Hans-Dietrich Genscher (* 1927) Bundeskanzler Willy Brandt (1913–1992) am 29. Mai 1973 überbringt, ist von größter Bedeutung für die Sicherheit der Bundesrepublik Deutschland. Günter Guillaume (1927–1995), der persönliche Referent des Bundeskanzlers, organisiert nicht nur Termine und hält den Kontakt des Regierungschefs zur Regierungspartei SPD (Sozialdemokratische Partei Deutschlands), sondern hat Zugang zu streng geheimen Akten und zur Korrespondenz des Bundeskanzlers. Er begleitet Brandt auf seinen Reisen zu Wahlkampfveranstaltungen und nimmt an streng vertraulichen Besprechungen unter Spitzenpolitikern in Bonn teil. Guillaume kennt nicht nur höchst brisante Regierungsgeheimnisse, sondern weiß auch über Brandts Privatleben bestens Bescheid. Vom Frühstück bis zu den geselligen Runden bei einem Glas Wein am Abend ist er auf Reisen an der Seite des Bundeskanzlers, er begleitet ihn sogar in den Urlaub. Seine Auftraggeber in der sogenannten „Hauptverwaltung Aufklärung" im **Ministerium für Staatssicherheit**, dem Auslandsgeheimdienst der DDR (Deutsche Demokratische Republik), sind an seinen Informationen sehr interessiert. Denn zwischen den beiden deutschen Staaten herrscht seit der Teilung Deutschlands im Jahr 1949 ein angespanntes Verhältnis. Das gegenseitige Misstrauen zwischen der demokratisch ausgerichteten Bundesrepublik und der kommunistischen Diktatur der DDR ist groß.

> **Wissen *spezial***
>
> **Ministerium für Staatssicherheit**
>
> Das Ministerium für Staatssicherheit (kurz: MfS oder Stasi) war der Geheimdienst der DDR. Die Geheimpolizei wurde 1950 gegründet und hatte die Aufgabe, Kritiker oder Oppositionelle zu überwachen und im westlichen Ausland geheime Informationen aus Regierungsbehörden, Forschungsstätten und Industriebetrieben auszuspionieren.

Willy Brandt (rechts) berät sich mit Hans-Dietrich Genscher.

Symbole im Staatswappen der DDR: Hammer und Zirkel im Ährenkranz

Fleißig, zurückhaltend, unauffällig

Doch wie kann es passieren, dass ein DDR-Spion persönlicher Referent des Bundeskanzlers wird? Die Sicherheitsüberprüfungen, die routinemäßig durchgeführt werden, als Guillaume 1970 seine Stelle im Kanzleramt antritt, bringen kein verdächtiges Ergebnis. Das einzig Bemerkenswerte an Guillaumes Lebenslauf: Er ist ein ehemaliger DDR-Bürger. Im Mai 1956 flieht Guillaume mit seiner Frau Christel aus der DDR in die Bundesrepublik Deutschland. Ein Jahr später tritt er in die SPD ein und ist ab 1969 hauptberuflich für die Partei tätig. Jahrelang arbeitet er fleißig an seinem Aufstieg in der Partei. Seine Kollegen und Vorgesetzten schätzen ihn als zuverlässigen und vertrauenswürdigen Mitarbeiter und beschreiben ihn als glühenden Verfechter der Demokratie und Verächter des Kommunismus, der über die DDR schimpft. Eine perfekte Tarnung, wie sich bald herausstellen wird.

„G" – der große Unbekannte

Wie ist der **Verfassungsschutz** dem Maulwurf, der über Jahre unbehelligt in Regierungskreisen spioniert hat, auf die Schliche gekommen? Schon bald nach Guillaumes Flucht in die BRD fängt der **Bundesnachrichtendienst** Funksprüche aus der DDR ab. Sie werden über Kurzwelle gesendet und können mit jedem Radiogerät empfangen werden. Die Funksprüche sind verschlüsselt. Der Empfänger erhält endlose Zahlenreihen, die er mithilfe zweier Passwörter decodieren kann. Dem Bundesnachrich-

> **Wissen** *spezial*
>
> **Bundesamt für Verfassungsschutz**
> Der 1950 gegründete deutsche Inlandsnachrichtendienst sammelt Informationen über Personen und Gruppen, die sich gegen die demokratische Ordnung richten, also z. B. rechts- oder linksextreme Parteien. Außerdem gehören das Aufspüren von feindlichen Geheimagenten und das Aufdecken von Plänen für Terrorangriffe zu seinen Aufgaben.

tendienst gelingt es, zahlreiche dieser Zahlencodes zu knacken. Der Inhalt der Nachrichten ist meist belanglos, sie lauten etwa: „Freuen uns, dass du Arbeit hast", „F. nicht über dein Telefon anrufen", „Versteck Dora belegen". Auch Geburtstagswünsche werden übermittelt. Am 6. Oktober 1956 etwa wird einer Person, die „Chr." genannt wird, zum Geburtstag gratuliert, am 1. Februar einige Jahre später einem „Georg". Im April 1957 lautet eine Nachricht: „Gratulieren zum zweiten Mann."

Doch die Entschlüsselung der Nachrichten allein ist für den BND noch kein Erfolg. Da in den Funksprüchen Decknamen oder abgekürzte Namen wie „G." oder „Chr." verwendet werden, können die Ermittler nicht auf den Empfänger der Nachrichten schließen. So ist dem Verfassungsschutz aufgrund der Funksprüche seit

Wissen *spezial*

Bundesnachrichtendienst
Der 1956 gegründete Auslandsgeheimdienst der Bundesrepublik Deutschland hat vor allem die Aufgabe, Informationen über Bedrohungen aus dem Ausland zu sammeln und auszuwerten. Er observiert dazu verdächtige Personen oder überwacht deren Kommunikation über Telefon und Internet.

Das Ministerium für Staatssicherheit führte Akten über die bespitzelten Personen.

1956 zwar klar, dass ein DDR-Agent in die SPD eingeschleust worden ist, jedoch gelingt es erst Jahre später, die Identität des Empfängers zu ermitteln.

Im März 1973 ermittelt Heinrich Schoregge in der Abteilung für Spionageabwehr des Amtes für Verfassungsschutz gegen einen Fotografen, der unter dringendem Verdacht steht, ein DDR-Agent zu sein. Bei dem Studium der Akten fällt ihm der Name „Guillaume" auf. Schoregge versucht sich zu erinnern. War es nicht ein gewisser Guillaume gewesen, der einer DDR-Agentin, die 1966 enttarnt wurde, eine Stelle als Sekretärin bei der SPD vermittelt hatte? Und wurde nicht die Adresse dieses Guillaume in dem Adressbuch eines weiteren DDR-Spions gefunden, der im September 1972 verhaftet wurde? Ist es ein Zufall, dass ein und derselbe Name in drei verschiedenen Spionagefällen auftaucht? Schoregge wird skeptisch. Als er seinem Kollegen Helmut Bergmann von seinem Verdacht berichtet, wird auch der hellhörig, denn seit den 1950er-Jahren wird ein DDR-Agent mit dem Decknamen „Georg" oder „G." gesucht. Der Verdacht kommt auf, dass „Georg" oder „G." mit Günter Guillaume identisch ist.

Technische Ausrüstung für Spione: Mit einem solchen Gerät wurden heimlich Gespräche aufgezeichnet.

Der Verdacht der beiden Verfassungsschützer erhärtet sich sofort, als sie die Geburtstage von Guillaumes Familie überprüfen. Guillaumes Geburtstag ist der 1. Februar. Der Geburtstag seiner Frau Christel ist der 6. Oktober. Die Daten stimmen exakt mit den Daten der seit 1956 gefunkten Geburtstagswünsche an „Georg" und „Chr." überein. Am 8. April 1957 kam Guillaumes Sohn Pierre zur Welt. Für ihn waren die Glückwünsche „zum zweiten Mann" bestimmt. Bergmann und Schoregge ist nun klar: „Georg" ist Guillaume.

Sofort wird der Leiter des Verfassungsschutzes informiert. Schon nach kurzem Studium der Akten ist Günther Nollau (1911–1991) am 24. Mai 1974 klar: Guillaume ist ein DDR-Agent. Als Nollau Innenminister Genscher von dem Verdacht berichtet, muss er jedoch hinzufügen, dass die Funksprüche vor Gericht nicht ausreichen, um Guillaume zu überführen, da man ihnen weder den Absender noch den Empfänger entnehmen kann. Nollau schlägt daher vor, Guillaume und seine Frau zunächst zu beschatten, um Beweise zu sammeln. Ab Juni 1973 wird das Ehepaar Guillaume observiert. Keine leichte Aufgabe, wie sich bald he-

Kanzlerfest in Bonn: Willy Brandt im Gespräch, hinter ihm steht Günter Guillaume.

Günter Guillaume und seine Frau Christel

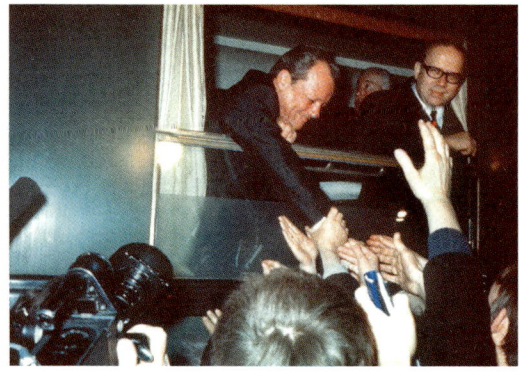

Willy Brandt besucht die DDR.

rausstellen wird, denn Guillaume ist ein gewiefter Spitzel. Bis zum März 1974 gelingt es den Ermittlern nicht, stichhaltige Beweise zu bekommen. Stattdessen haben sie einen schlimmen Verdacht: Guillaume könnte von der Observierung Wind bekommen haben und sich in die DDR absetzen wollen. Jetzt müssen die Behörden schnell handeln. Sie gehen das Risiko ein und nehmen Guillaume und seine Frau am 24. April 1974 fest. Als die Beamten morgens an der Wohnungstür klingeln und Guillaume den Haftbefehl zeigen, macht der Agent einen verhängnisvollen Fehler. „Ich bin Offizier der Nationalen Volksarmee der DDR und Mitarbeiter des Ministeriums für Staatssicherheit. Ich bitte, meine Offiziersehre zu respektieren", erklärt Guillaume. Der Meisterspion hat sich selbst ent-

Thema Agentenaustausch zwischen Ost und West

Wie viele andere DDR-Agenten wurde Guillaume gegen einen bundesdeutschen Agenten, der in der DDR im Gefängnis saß, ausgetauscht. Dreimal zwischen 1963 und 1986 fand ein solcher Agentenaustausch auf der 128 Meter langen Glienicker Brücke zwischen West-Berlin und dem ostdeutschen Postdam statt. In der Mitte der Brücke befand sich eine Markierungslinie: die Grenze zwischen Ost und West. Die Agenten wurden an die jeweiligen Enden der Brücke gebracht und liefen los. Sobald sie die Linie überquert hatten, waren sie in Sicherheit.

Nach dem überraschenden Rücktritt bekunden Brandt viele Menschen ihre Sympathie.

tarnt. 1975 wird er wegen Landesverrats zu 13 Jahren Haft verurteilt, kehrt aber bereits 1981 durch einen **Agentenaustausch** in die DDR zurück.

Schockierende Enthüllungen

Für Willy Brandt ist der Fall Guillaume nach der Verhaftung noch nicht abgeschlossen. Routinemäßig werden bei den Ermittlungen auch die Leibwächter des Bundeskanzlers befragt. Es stellt sich heraus, dass Guillaume zu viel über Brandts Privatleben weiß: Er kennt intime Details über seine Liebesaffären. In den 1970er-Jahren, in denen Politiker als moralische Vorbilder dienten, ein Skandal. Würde Guillaume im Prozess solche pikanten Details ausplaudern, würde er dem Bundeskanzler politisch großen Schaden zufügen. Und noch schlimmer: Falls die Stasi davon Wind bekäme, wäre der Bundeskanzler sogar erpressbar und seine Position bei wichtigen Verhandlungen mit der DDR geschwächt. Für Willy Brandt gibt es nur einen Ausweg: Am 6. Mai 1974 gibt er sein Amt auf. Das bislang einzige Mal in der Geschichte, dass ein Bundeskanzler zurücktritt. Guillaume geht als der Stasi-Agent in die Geschichte ein, der Kanzler Willy Brandt gestürzt hat.

Achtung **Fälschung!**

Kunstdetektive auf der Spur von Tom Keating

1973 in London

„Meine Damen und Herren, wir kommen zu Nummer 21 in Ihrem Katalog, ‚Die Rosskastanie'. Eine Zeichnung des englischen Malers Samuel Palmer. Eine sehr schöne Arbeit. Das Einstiegsgebot liegt bei siebentausend Pfund Sterling. Wer bietet mehr? Achttausend. Neuntausend. Höre ich mehr? Ja, zehntausend, elftausend. Bietet jemand zwölftausend für diese wunderbare Arbeit? Es ist eines der wenigen Bilder des Künstlers auf dem Markt! Oh ja, hier vorne in der ersten Reihe sehe ich dreizehntausend. Vierzehntausend für den Herrn zu meiner Rechten. Sehr schön! Fünfzehntausend für den Herrn in der ersten Reihe. Wer bietet mehr? Fünfzehntausend sind geboten. Zum Ersten, zum Zweiten und zum Dritten! ‚Die Rosskastanie' geht für fünfzehntausend Pfund an den Bieter mit der Nummer 623."

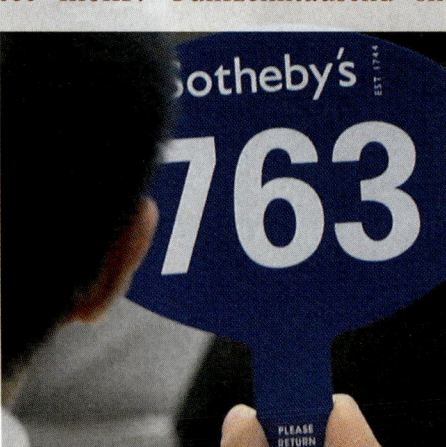

Eine Kunstauktion bei Sotheby's

Die Versteigerung der Zeichnung „Die Rosskastanie" bei dem Auktionshaus Sotheby's ist eine Sensation in der Londoner Kunstszene. Nie zuvor wurde für ein Bild des englischen Malers Samuel Palmer (1805–1881) ein so hoher Preis erzielt. Die Nachfrage nach Zeichnungen und Gemälden des romantischen Künstlers ist schon lange Zeit groß, denn er zählt zu den bedeutendsten Malern Großbritanniens, umso mehr freuen sich Kunstsammler aus aller Welt, als in den letzten Jahren unerwartet viele bis dahin vollkommen unbekannte Werke Palmers auftauchen: Seit 1965 wurde in England rund ein Dutzend neue Zeichnungen bei Auktionen versteigert. Doch die wundersame Vermehrung von Palmers Werken macht Experten misstrauisch. Woher kommen all die neuen Bilder, die in keinem **Werkkatalog** aufgelistet sind? Auch die Kunsthistorikerin Geraldine Norman, die für die bekannte Londoner Tageszeitung „Times" schreibt, ist skeptisch und will 1976 der Sache auf den Grund gehen.

> **Wissen** *spezial*
>
> **Was ist ein Werkkatalog?**
> In einem Werkkatalog sind alle Werke eines Künstlers aufgelistet. Er enthält unter anderem die Titel der Werke, deren Größe und Maltechnik, eine kurze Beschreibung des Bildes, das Entstehungsjahr, meist eine Abbildung des Werks und häufig auch den Namen des Besitzers.

Woher kommen die Zeichnungen?

In der Galerie Leger in London, die die für den Rekordpreis versteigerte Zeichnung verkauft hat, erfährt Norman, dass eine gewisse Jane Kelly dem Kunsthändler in der Old Bond Street diese und noch weitere Zeichnungen angeboten hat. Kelly habe die Werke angeblich geerbt. Doch warum sind sie vorher noch nirgends aufgetaucht? Ihr Ururgroßvater sei 1868 nach Ceylon ausgewandert und habe die Zeichnungen mitgenommen, sodass die Werke niemals katalogisiert werden konnten, habe Kelly erklärt. Doch Geraldine Norman

Ein Selbstporträt Samuel Palmers

überzeugt das nicht. Sie recherchiert weiter. Im Juli 1976 berichtet sie in einem Artikel in der „Times" über diesen merkwürdigen Fall. Wenige Tage später meldet sich Jane Kellys Bruder Michael bei der Journalistin Geraldine Norman und lüftet das Geheimnis der Palmer-Bilder: Sie sind Fälschungen, so Michael Kelly. Gemalt habe sie der ehemalige Freund seiner Schwester, Tom Keating.

Geraldine Norman kann es nicht glauben. Den Meisterfälscher, dem sogar die Kunstexperten des Auktionshauses Sotheby's auf den Leim gegangen sind, will sie unbedingt kennenlernen. So macht sie sich auf die Suche nach Tom Keating (1917–1984) und kann ihn wenig später tatsächlich ausfindig machen. Was sie von Keating erfährt, ist so bizarr, dass sie es zunächst nicht glauben will. Er gibt an, in den letzten 25 Jahren rund 2000 Ölgemälde, Aquarelle und Zeichnungen gefälscht zu haben. Dabei hat er den Stil von etwa 100 Künstlern kopiert, darunter so bedeutende Maler wie Rembrandt, Thomas Gainsborough, die Impressionisten Pierre-Auguste Renoir und Edgar Degas sowie Amadeo Modigliani. „Aber das ist ja das volle Spektrum westlicher Malerei", ruft Geraldine Norman verblüfft.

Tom Keating, der Meisterfälscher

Geheime Zeichen verraten die Fälschung

Doch das ist noch nicht alles. Tom Keating hat in seinen Werken den Stil der alten Meister zwar bis ins Kleinste kopiert, aber anders als andere Kunstfälscher, die unter

Auch die „Tänzerinnen" (um 1897) von Edgar Degas, eines seiner berühmtesten Werke, waren vor Keatings Fälscherkunst nicht sicher.

keinen Umständen wollen, dass ihre Werke als Fälschungen enttarnt werden, hat Keating geheime Zeichen in jedes seiner Bilder eingebaut, die das Werk eindeutig als Fälschung kenntlich machen. In einige Bilder will er seine Initialen in das Laubwerk eines Baums geschrieben haben. Nur mit der Lupe kann ein Experte diesen Hinweis erkennen. Andere Bilder hat er mit einer falschen Signatur versehen. Aus „Samuel Palmer" wird so etwa „Samuel Palmerer". Die beiden letzten Buchstaben verschwinden jedoch unter dem Bilderrahmen und sind nur zu erkennen, wenn das Bild aus dem Rahmen genommen wird. Bei einigen Gemälden habe er auf die Leinwand mit Bleiweiß, einer speziellen Farbe, seinen Namen oder den Schriftzug „Fälschung" geschrieben, bevor er anfing,

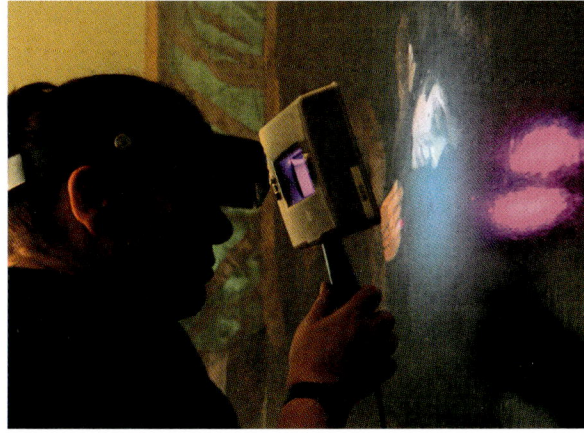

Um verdeckte Übermalungen zu entdecken, betrachtet eine Restauratorin das Gemälde unter Schwarzlicht.

Eine Röntgenaufnahme eines Bildes macht Untermalungen sichtbar.

das Bild zu malen. Nur wenn das Bild einem **Röntgentest** unterzogen wird, würde man diesen Hinweis erkennen. Geraldine Norman ist fassungslos. Warum malt Keating mit großem Aufwand Bilder im Stil alter Meister und enttarnt sie dann bewusst als Fälschung? Aus Protest, sagt Keating. Mit den Fälschungen will er die geldgierigen Kunsthändler bloßstellen, die ihren reichen Kunden Gemälde und Zeichnungen für hohe Summen verkaufen, wenn nur der richtige Künstlername draufsteht. Ob die Bilder tatsächlich von Rembrandt, Renoir oder Palmer stammen, spiele weder für die Galeristen noch für die reichen Sammler eine Rolle. „Ich bin ein schrecklich schlechter Fälscher", sagt Keating über sich selbst. „Jeder, der mein Geschmiere sieht und glaubt, es sei echt, muss verrückt sein."

Doch Keatings Plan funktioniert. Wenige Tage, nachdem Geraldine Norman in der „Times" den Alleskönner Tom

---

Thema | **Röntgentest & Co. – Wie erkennen Experten eine Fälschung?**

*E*xperten wenden verschiedene Methoden an, um festzustellen, ob ein Gemälde tatsächlich mehrere Hundert Jahre alt, also „echt" ist oder ob es sich um eine erst kürzlich entstandene Fälschung handelt. Chemische Analysen ermitteln die Zusammensetzung der Farben. Findet sich darin etwa ein Lösemittel, das erst im 20. Jahrhundert hergestellt wurde, wissen die Experten,

dass das Bild gefälscht ist. Röntgenaufnahmen zeigen die Schichten unter der Ölfarbe. Experten sehen so, ob das Gemälde über ein Bild gemalt wurde, das aus einer späteren Zeit stammt als das vermeintliche Original. Ein sicheres Zeichen für eine Fälschung!

Der deutsche Kunstfälscher Andreas Uckert kopiert Werke großer Meister.

Keating als den Fälscher des Jahrhunderts enttarnt, bieten das Auktionshaus Sotheby's und die Kunstgalerie Leger ihren Kunden kleinlaut an, die gefälschten Palmer-Zeichnungen zurückzukaufen. Die Kunsthändler sind blamiert. Keating wird für seinen Betrug angeklagt, jedoch wegen seiner schlechten Gesundheit nicht verurteilt. Seine Werke sind nach seiner Enttarnung gefragter denn je.

Die perfekte Fälschung

Rund 40 Jahre vor Keating ist ein anderer Meisterfälscher am Werk, der jedoch unbedingt vermeiden will, dass seine Werke als Fälschungen enttarnt werden – denn er verdient ungeheur viel Geld damit. Der Maler Han van Meegeren (1889–1947) hat sich auf das Fälschen niederländischer Maler des 17. Jahrhunderts spezialisiert, vor allem auf Jan Vermeer van Delft (1632–1675). 1932 sucht Meegeren nach einer Methode, um eine perfekte Fälschung anzufertigen. Er weiß, dass es dabei nicht nur darauf ankommt, den

Stil des Malers, der kopiert werden soll, so gut wie möglich nachzuahmen. Das gefälschte Gemälde muss auch den wissenschaftlichen Materialtests standhalten. Die Leinwand muss aus derselben Zeit stammen. Meegeren besorgt sich preisgünstige Gemälde aus dem 17. Jahrhundert und kratzt die Farbe ab. Die Ölfarben mixt er aus genau denselben Zutaten wie die Maler des 17. Jahrhunderts: Lapislazuli, Bleiweiß, Indigo und Zinnober. Zum Malen benutzt er Dachshaarpinsel, genau wie Vermeer. Das Wichtigste jedoch: Er muss eine Methode finden, um die **Ölfarbe** schnell härten zu lassen. Nur wenn die Farbe hart ist, kann ein Gemälde den Anschein erwecken, es sei 300 Jahre alt. Meegeren lässt daher das fertige Bild bei 100 Grad Celsius im Backofen trocknen. Doch das ist noch nicht alles. Am Schluss muss er das **Krakelee** künstlich herbeiführen. Dazu rollt er die Leinwand über einen Zylinder, damit feine Risse in der getrockneten Farbe entstehen. Anschließend lässt er schwarze Tinte in die Risse laufen. Fertig ist die Fälschung.

Meegerens falsche Vermeers werden als Sensation gefeiert. Der berühmte Vermeer-Experte Abraham Bredius (1855–1946) ist von Meegerens 1936 gemaltem „Emmausmahl" begeistert. „Es ist ein

> **Wissen spezial**
>
> **Ölfarbe trocknet langsam**
> Ölfarben trocknen sehr langsam. Noch Tage und Wochen, nachdem die Farbe aufgetragen wurde, ist sie so weich, dass der Maler Teile des Gemäldes verändern kann. Richtig hart wird Ölfarbe erst nach vielen Jahren.

Maler mischen sich ihre Farben oft selbst.

Der Lapislazuli leuchtet in strahlendem Blau.

wunderbarer Moment im Leben eines Kunstliebhabers, wenn er sich einem bislang unbekannten Gemälde eines großen Meisters gegenübersieht", schreibt der Experte 1937, überzeugt, dass es sich um einen echten Vermeer handelt. „Es besteht kein Zweifel, dass wir hier das Meisterwerk von Johannes Vermeer van Delft vor uns haben." Rund zehn Gemälde im Stil von Vermeer verkauft Meegeren und verdient damit Millionen. Er fliegt erst auf, als er 1945 im Gefängnis landet. Der Vorwurf: Kollaboration mit den Nationalsozialisten, weil er dem deutschen Reichsmarschall Hermann Göring einen echten Vermeer, also nationales Kulturgut der Niederlande, verkauft habe. „Das Bild im Besitz von Hermann Göring ist kein Vermeer van Delft, sondern ein van Meegeren. Ich habe das Bild gemalt!", ruft er den verdutzten Polizisten beim Verhör zu. Nachdem das Bild tatsächlich als Fälschung entlarvt worden ist, wird der Verdacht der Zusammenarbeit mit dem Feind fallengelassen. Dafür wird Meegeren 1947 wegen Kunstfälschung zu einem Jahr Gefängnis verurteilt. Meegerens Vermeer-Fälschungen hängen heute im Museum – als Werke von „Han van Meegeren".

Wissen *spezial*

Was ist Krakelee?
Auf Ölgemälden entsteht im Lauf der Zeit ein Netz von schwarzen Linien. Die Linien sind Risse in der trockenen Ölfarbe, die durch Schwankungen der Temperatur und der Luftfeuchtigkeit verursacht werden. Das Muster der Risse macht viele Gemälde unverwechselbar. Stimmen die Risse auf einem Gemälde mit den Rissen auf einer Fotografie des Originals nicht überein, wissen Experten, dass sie eine Fälschung in der Hand halten.

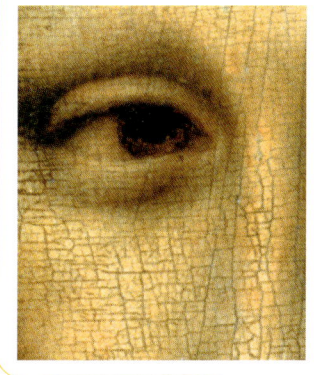

Dagobert und seine Tricks

Der Kaufhauserpresser narrt die Sokos

1992 in Hamburg

„Hallo, ist da die Polizei?"

„Ja, hier ist die **Notrufzentrale** der Polizei."

„Hier spricht der Leiter der Karstadt-Filiale in der Mönckebergstraße. Heute Nacht ist hier irgendwas passiert."

„Können Sie genauere **Angaben** machen? Was glauben Sie, ist passiert?"

„In unserer Porzellanabteilung ... überall liegen Scherben herum ... Ein unglaubliches Durcheinander!"

„Gibt es Verletzte?"

„Nein, einige der Angestellten haben das Chaos so vorgefunden, als sie heute Morgen in das Kaufhaus gekommen sind. Es muss heute Nacht passiert sein."

„Wir schicken sofort ein paar Leute."

„Ja, beeilen Sie sich! Es sieht fast so aus, als wäre eine Bombe explodiert!"

Der Leiter der Hamburger Karstadt-Filiale meldet eine Bombenexplosion.

Dagobert und seine Tricks — Der Kaufhauserpresser narrt die Sokos

Als die Beamten der Spurensicherung am Morgen des 13. Juni 1992 bei Karstadt in der Hamburger Mönckebergstraße eintreffen, wird ihnen schnell klar, was sich in der Nacht in der Porzellanabteilung zugetragen hat. Zwischen zerbrochenem Geschirr und Millionen von Scherben finden sie zerborstene Metallrohre, Reste von Sprengstoff und einen verschmorten Wecker: In dem Kaufhaus ist eine Rohrbombe mit einem Zeitzünder explodiert. Wenig später geht bei der Kaufhausleitung ein Brief ein. Ein Erpresser droht, in weiteren Karstadt-Filialen Bomben zu legen, falls der Konzern nicht eine Million Mark bezahlt. Die Kaufhausleitung ist bereit, zu zahlen, und veröffentlicht, wie vom Erpresser gewünscht, im „Hamburger Abendblatt" eine Anzeige. Der seltsame Text lautet: „Onkel Dagobert grüßt seine Neffen."

Dagobert ließ eine selbst gebastelte Zeitbombe hochgehen.

Sofort richtet die Hamburger Polizei eine Sonderkommission ein. Dem Leiter der Soko, Kriminalrat Ulrich Tille, kommt der Fall bekannt vor. Er versucht sich zu erinnern. 1988 explodierte eine Bombe im Berliner Kaufhaus KaDeWe. Der Erpresser forderte 500 000 D-Mark. Die Geldübergabe glückte und der Mann wurde nie gefasst. Hat der Täter von 1988 wieder zugeschlagen?

Der steinreiche Onkel Dagobert stand Pate für den Kaufhauserpresser.

Raffinierte Tricks verblüffen die Polizei

Nachdem das erpresste Unternehmen bereit ist, die Million zu zahlen, soll das Geld im Juli 1992 übergeben werden. Alles läuft, wie es der Erpresser, der von der Presse den Spitznamen „Dagobert" erhält, geplant hat: Das Geld wird

Einsatzkommandos machen sich auf den Weg.

in eine Tasche gesteckt, an der Elektromagnete und eine Funkantenne angebracht sind. Die Tasche wird mithilfe der Magnete von außen an den Intercityzug „Käthe Kollwitz", der von Hamburg nach Berlin fährt, befestigt. Per Funk gibt Dagobert das Signal, die Magnete lösen sich und das Päckchen fällt bei Reinbek vom fahrenden Zug. Dagobert schnappt sich das Päckchen und flieht mit dem Fahrrad. Doch auch die Beamten des **Mobilen Einsatzkommandos** empfangen das Funksignal und sind sofort zur Stelle. Mit Hubschraubern und Geländemotorrädern verfolgen sie Dagobert. Doch der kann sie in einem nahe gelegenen Wald abhängen – Pech für die Polizei. Pech aber auch für Dagobert, denn in dem Päckchen befinden sich nur Papierschnipsel: Die Polizei wollte ihm eine Falle stellen.

Kurz darauf explodieren in Karstadt-Filialen in Bremen und Hannover zwei weitere Bomben. Zwei Menschen werden leicht verletzt. Und wieder meldet sich Dagobert bei dem **Unternehmen** und gibt Anweisungen für die nächste Geldübergabe. Doch auch dieser Versuch scheitert.

> **Wissen** *spezial*
>
> **Mobiles Einsatzkommando**
> Ein Mobiles Einsatzkommando (MEK) ist eine Spezialeinheit der Polizei, die verdächtige Personen heimlich überwacht, um Beweise für eine Straftat zu sammeln. Befindet sich der Verdächtige auf der Flucht, können ihn die Kriminalbeamten des MEK festnehmen.

Die Fahnder warten geduldig auf den nächsten Anruf des Erpressers. Sie wissen, dass er öffentliche Telefonzellen benutzt. So kann die Polizei die Anrufe nicht zu ihm zurückverfolgen. Am 19. April 1993 soll erneut eine Geldübergabe stattfinden. Dagobert lässt die Polizisten das Geld in Plastiktüten wasserdicht verpackt in eine Streusandkiste im Berliner Stadtteil Britz legen. Was Dagobert nicht weiß: In dem Päckchen befinden sich auch ein Bewegungsmelder und ein **Peilsender**. Sobald Dagobert das Paket hochhebt, löst der Bewegungsmelder einen stillen Alarm aus und die Beamten können den Erpresser mithilfe des Peilsenders verfolgen.

Nachdem das Päckchen in der Kiste verstaut ist, legen sich die Polizisten vom Mobilen Einsatzkommando gut versteckt auf die Lauer. Plötzlich schlägt der Bewegungs-

> **Wissen spezial**
>
> **Was ist ein Peilsender?**
> Ein Peilsender ist eine kleine elektronische Vorrichtung, die ständig Funkwellen aussendet. Sie werden von einer Richtantenne empfangen. Bewegt sich der Peilsender, können die Bewegungsrichtung und die Geschwindigkeit bestimmt werden.

Thema Erpresste Unternehmen – eine lange Geschichte

Arno Funke ist nicht der Einzige, der ein großes Unternehmen erpresste. 1982 versetzten Unbekannte in den USA Kopfschmerztabletten mit dem hochgiftigen Cyanid und töteten damit sieben Menschen. Erpresser fügen Unternehmen auf diese Weise großen Schaden zu, denn das Vertrauen der Kunden in das Unternehmen sinkt und sie kaufen die Produkte dieses Herstellers nicht mehr. In Deutschland gab es ähnliche Fälle. 1999 vergiftete ein Mann Lebensmittel des Nestlé-Konzerns mit Insektenvernichtungsmitteln. Er wurde zu elf Jahren Haft verurteilt.

melder Alarm. Aber wieso? In der Nähe der Kiste ist weit und breit niemand zu sehen. Die Polizisten warten ab. Als sich nach zehn Minuten nichts rührt, kommen sie aus ihrem Versteck. Sie öffnen den Deckel der Kiste und sind fassungslos: Das Päckchen ist weg! Stattdessen sehen sie ein Loch im Boden der Streusandkiste, das direkt in einen darunterliegenden Kanalisationsschacht führt. Die Beamten sind Dagobert erneut auf den Leim gegangen. Der findige Erpresser hat die Kiste auf einem Gullydeckel platziert und ein Loch in den Boden gesägt. Sobald das Geld in der Kiste lag, hat er den Gullydeckel von unten aus dem Kanalschacht angehoben und das Päckchen geschnappt. Pech für Dagobert: Das Paket enthält wiederum kein Geld, sondern nur wertlose Papierschnipsel.

Wieder ist Dagobert entwischt!

Der Telefonzellen-Plan

Im Mai und im September 1993 explodieren weitere Bomben in Karstadt-Filialen in Bielefeld und Berlin. Mittlerweile hat auch die Polizei in Berlin eine Sonderkommission gebildet, um Dagobert zur Strecke zu bringen. Soko-Leiter Martin Textor ist klar, dass er es mit einem außerordentlich raffinierten Täter zu tun hat. Bei den Geldübergaben geht er so vorsichtig vor, dass die Wahrscheinlichkeit, ihn auf diese Weise zu schnappen, gering ist. Da Dagobert seine Anweisungen meist zu fest vereinbarten Zeiten von Telefonzellen in Berlin aus durchgibt, müssen die Fahnder versuchen, ihn beim Telefonieren zu erwischen. Würde man die Telefonzellen während der vereinbarten Zeiten überwachen, könnte man ihn schnappen. Das Problem: In Berlin gibt es mehrere Tausend Telefonzellen. Würde man jedoch einen Großteil der Zellen „defekt" erklären, könnte man die Anzahl auf einige Hundert reduzieren. Die Chance, Dagobert in einer zu erwischen, würde deutlich größer.

Doch auch dieser Plan funktioniert zunächst nicht. Wie durch ein Wunder findet Dagobert Telefonzellen, die ausgerechnet nicht von den Polizeibeamten observiert werden. Wieder und wieder entwischt er den Ermittlern. Für den 22. Januar 1994 ist erneut eine Geldübergabe vereinbart. Dieses Mal lotst Dagobert die Polizisten zum Güterbahnhof Charlottenburg. Die verdutzten Ermittler finden dort auf einem stillgelegten Gleis eine merkwürdige Maschine. Sie ist etwa einen halben Meter lang, hat zwei Räder, eine kleine Ladefläche und einen Elektromotor. Die Beamten folgen den Anweisungen, legen das Geld auf die Ladefläche, drücken auf den roten Startknopf und schon saust das Fahrzeug in die Dunkelheit davon. Die

Die Telefonzelle ist gefunden, aber wo ist der Erpresser?

Um an das Lösegeld zu kommen, bastelt Dagobert sogar ein kleines U-Boot.

Polizisten nehmen sofort die Verfolgung auf, doch sie stolpern über Drähte, die quer über die Gleise gespannt sind. Plötzlich gehen Feuerwerkskörper in die Luft. Nach einigen Hundert Metern finden die Männer das vom Gleis gekippte Fahrzeug und das Geld. Von Dagobert keine Spur.

Die Falle schnappt zu

Seit 22 Monaten warten die Ermittler vergeblich darauf, dass Dagobert einen Fehler macht. Am 19. April 1994 ist es endlich so weit. Zwar scheitert eine weitere Geldübergabe, aber die Polizisten beobachten einen Mann, der in einem Auto der Marke Daihatsu Cuore flieht. Einer der Beamten notiert das Kennzeichen. Der Name des Verdächtigen ist schnell ermittelt. Er heißt Arno Funke und wird ab sofort **observiert**.

Am Morgen des 22. April 1994 macht sich Arno Funke wieder auf den Weg zu einer Telefonzelle, um erneut Einzelheiten für eine Geldübergabe mitzuteilen. Funke weiß nicht, dass ihm die Berliner Polizei dicht auf den Fersen ist. Das Auto folgt dem Daihatsu unauffällig durch ganz Berlin. Doch plötzlich verlieren die Fahnder Funke aus den Augen. Wenige Minuten später fällt zwei Zivilfahndern in der Nähe der

Die Fahnder sind ihm dicht auf den Fersen.

Wissen *spezial*

Observieren

Die Kriminalpolizei observiert verdächtige Personen, um Erkenntnisse über deren Aktivitäten zu gewinnen oder sie einer Straftat zu überführen. Häufig verwenden die Polizisten dabei technische Hilfsmittel wie Foto- oder Videokameras oder Abhöranlagen. Observationseinheiten, die aus einem oder zwei Kriminalbeamten bestehen, verfolgen den Verdächtigen unauffällig auf Schritt und Tritt.

Hagedornstraße in Berlin Treptow ein Daihatsu Cuore auf, der am Straßenrand geparkt ist. Der Fahrer ist nicht zu sehen, aber etwas anderes lenkt die Aufmerksamkeit der Männer auf sich: Ein Fahrrad liegt quer über dem Rücksitz. Ist es das Fahrrad, mit dem Dagobert den Fahndern schon so oft entkommen ist? Die Polizisten parken ihren Wagen am Straßenrand und beobachten den Daihatsu. Plötzlich geht ein Mann zielstrebig auf den Wagen zu. Unauffällig steigen die Fahnder aus und ziehen ihre Waffen. Dann geht alles ganz schnell. „Halt, stehen bleiben, Polizei!", rufen sie. Der Mann an dem Daihatsu hebt die Hände in die Luft. Die Polizisten stürzen sich auf ihn, wenige Sekunden später klicken die Handschellen. „Ich bin Dagobert!", ruft der Mann. Endlich. Nach fast zwei Jahren, zehn gescheiterten Geldübergaben und sechs explodierten Bomben ist Dagobert gefasst. Die Ermittler sind erleichtert.

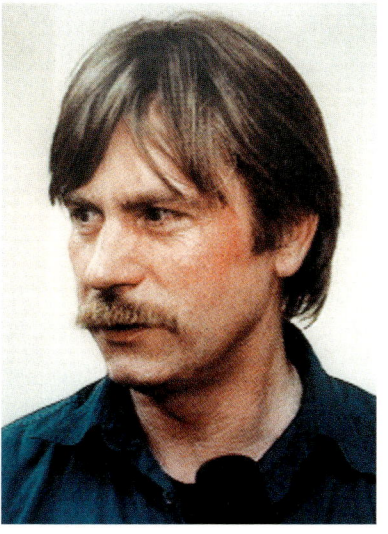

Dann geht er ins Netz: Arno Funke alias Dagobert.

Am 20. Juni 1996 wird Arno Funke wegen schwerer räuberischer Erpressung zu neun Jahren Haft und Schadenersatz von 2,5 Millionen Mark verurteilt. Der längste und spektakulärste Erpressungsfall in der deutschen Kriminalgeschichte geht damit zu Ende.

Der Teufel von Sizilien

Salvatore Riina geht den Mafiajägern ins Netz

1993 in Palermo

„Es ist alles bereit, Maresciallo! Die Scharfschützen sind auf Position. Alle bewaffneten Carabinieri warten in ihrem Versteck."

„Gut. Sobald der Wagen an der Straßensperre hält, schnappen wir ihn uns. Da vorne kommt er."

„Achtung, er hält an."

„Umstellt das Fahrzeug!! – Guten Morgen, Signore Riina. Steigen Sie bitte aus, Sie sind verhaftet."

„Aber Maresciallo! Hier liegt wohl ein Missverständnis vor, mein Name ist nicht Riina. Sehen Sie hier, meine Papiere."

„Die Papiere sind gefälscht."

„Was werfen Sie mir vor? Ich bin nur ein einfacher Buchhalter!"

„Hundertfachen Mord und Mitgliedschaft in der Mafia."

„Mafia?"

„Ja, Signore. Sie sind der Boss der Cosa Nostra."

„Ich habe noch nie von der Mafia gehört. Signori! Sie machen einen großen Fehler!"

Der Mafiaboss Salvatore Riina wird verhaftet.

Der Chef der sizilianischen Polizei, Generale Giorgio Cancellieri, ist erleichtert, als er am Morgen des 16. Januar 1993 die gute Nachricht erhält: Der Einsatz des Sonderkommandos der Antimafiapolizei in der Innenstadt von Palermo war erfolgreich. Obwohl der Festgenommene zunächst alles leugnet, den Beamten falsche Papiere zeigt und offenbar auch sein Aussehen durch eine Gesichtsoperation verändert hat, sind die Polizisten überzeugt, den Richtigen erwischt zu haben: Salvatore Riina (*1930) ist das Oberhaupt der sizilianischen Mafia, der **Cosa Nostra**. Nach 23 Jahren ist der meistgesuchte Mann Siziliens endlich hinter Gittern. Die Liste seiner Verbrechen ist lang: Mitgliedschaft in der Mafia, Drogenhandel, Erpressung, Bestechung und Mord. Rund 40 Morde soll er selbst verübt und mehrere Hundert in Auftrag gegeben haben.

> **Wissen spezial**
>
> **Die Cosa Nostra**
> Die Cosa Nostra (italienisch „unsere Sache") entstand im 19. Jahrhundert in Sizilien. Wie alle Mafiavereinigungen ist sie straff organisiert. Das Oberhaupt jeder „Familie" ist ein „Boss" oder „Capo" (italienisch „Haupt, Kopf"). Der Boss der gesamten Organisation wird von den Medien häufig „Capo di tutti Capi" („Boss aller Bosse") genannt.

Riina – „die Bestie"

Riina gilt als einer der brutalsten, skrupellosesten und blutrünstigsten Bosse in der Geschichte der Mafia. Mit 19 Jahren begeht er seinen ersten Mord und tritt in Corleone, seinem Geburtsort, dem dortigen Mafiaclan, den Corleonesi, bei. Die Corleonesi sind eine von rund 180 sogenannten „Familien" auf Sizilien – kriminell organisierten Gruppen der Mafia, die ein bestimmtes Gebiet, etwa eine Ortschaft oder einen Stadtbezirk, kontrollieren. Viele unterschiedliche Männer gehören den Familien an: einfache Arbeiter, Bauern, Beamte, Bauunternehmer, Ärzte, Rechtsanwälte. Nur Polizisten und deren Verwandte sind strikt

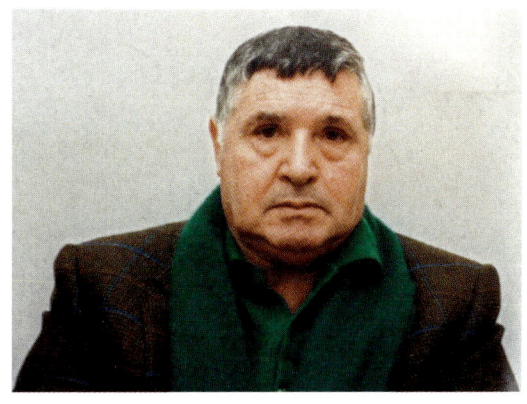

Mafiaboss Salvatore Riina

Wissen spezial

Schutzgelderpressung

Geschäfte, Supermärkte, Restaurants oder Hotels werden von der Mafia erpresst. Sie müssen monatlich eine bestimmte Summe zahlen und erhalten dafür einen „Schutz". Wer sich weigert, das Geld zu zahlen, wird bestraft, indem etwa auf das Geschäft ein Anschlag verübt wird.

ausgeschlossen. Die „Familie" macht ihre Geschäfte mit **Schutzgelderpressung**, illegalem Waffenhandel, Geldwäsche und Korruption: Sollen etwa in Palermo neue Siedlungen gebaut werden, fließt viel Geld an Beamte der Stadtverwaltung, damit ein Mitglied der „Familie" den Auftrag erhält. Auch zu einflussreichen Politikern hält die Mafia Beziehungen. Wenn ein Politiker zur Wahl steht, erhält er ein Angebot von der Mafia: „Die Familie kann dafür sorgen, dass Sie gewählt werden. Wir hoffen, Sie erinnern sich später daran und können uns dann auch einen Gefallen tun."

Der junge Salvatore Riina weiß, dass er als Mitglied der „Familie" strenge Regeln zu beachten hat: Lüge nie! Behandle deine Ehefrau gut! Mache nie der Frau eines anderen Mannes schöne Augen! Halte dich an Verabredungen! Lass dich nie mit einem Polizisten sehen! Tue alles für die „Familie"! Und das wichtigste Gebot: Gib dich nie als Mitglied der „Familie" zu erkennen und verrate nie etwas an Außenstehende! Riina lernt schnell die geheimen Zeichen, die nur Mitglieder der „Familie" kennen. Wird ihm eine Person als „mein Freund" vorgestellt, weiß er, dass es sich nicht um ein Mafiamitglied handelt. Ist die Person „unser Freund", handelt es sich um einen Mafioso.

Der Teufel von Sizilien *Salvatore Riina geht den Mafiajägern ins Netz*

Als das Oberhaupt der Corleonesi, Luciano Leggio (1925–1993), 1974 verhaftet wird, rückt Salvatore Riina als sein Nachfolger auf. Die aufstrebenden Corleonesi befinden sich zu dieser Zeit in einem blutigen Kampf mit den alten „Familien" aus Palermo, weil sie die Macht an sich reißen wollen. Fast täglich werden Mitglieder der untereinander verfeindeten Banden ermordet. Jeder Mord wird durch einen weiteren Mord gerächt. Riina geht bei diesen sogenannten „Vendettas" besonders brutal gegen seine Feinde vor. Er lässt nicht nur die gegnerischen Mafiosi umbringen, sondern auch gleich deren Verwandte, um sich vor deren Rache zu schützen. Riina löscht ganze Familien aus. Zwischen 1981 und 1983 sterben in dem Mafiakrieg auf Sizilien 400 Menschen. Weitere 500 verschwinden auf mysteriöse Weise, sie werden Opfer der sogenannten **Lupara bianca**.

Die Situation in Sizilien droht außer Kontrolle zu geraten. Die sizilianischen Behörden und auch das italienische Parlament sind aufs Äußerste beunruhigt. Jeder, der sich Riina in den Weg stellt,

> **Wissen *spezial***
>
> **Lupara bianca –
> Mord ohne Leiche**
> Im Mafiajargon bezeichnet „Lupara bianca" einen Mord, bei dem die Leiche spurlos verschwindet. Der Mafiaboss Filippo Marchese († 1982) wurde bekannt dafür, dass er die Leichen der Männer, die er ermordet hatte, in Säure auflöste. Andere Mordopfer wurden in schwer zugänglichen Felshöhlen versteckt.

Die „Familie" ist das Wichtigste.

Einige der führenden Mafiabosse wurden in Corleone geboren.

Um der Mafia Einhalt zu gebieten, geht die Polizei rigoros vor.

wird umgebracht. Er macht auch vor Polizisten, Ermittlungsrichtern der Antimafiakommission und Journalisten nicht halt. Am 3. September 1982 fährt der neue Polizeichef von Palermo, Carlo Alberto Dalla Chiesa (1920–1982), in seinem Wagen durch die Innenstadt von Palermo. Nur vier Monate zuvor hatte er sein Amt angetreten, um dem blutigen Ausnahmezustand in Sizilien ein Ende zu bereiten. Plötzlich umringen Motorradfahrer das Auto Dalla Chiesas und drängen es von der Straße ab. Als das Fahrzeug zum Stehen kommt, eröffnen die Motorradfahrer sofort aus Maschinengewehren das Feuer. Dalla Chiesa und seine Frau sterben in dem Kugelhagel.

Ein Mafioso packt aus

Doch Riinas Plan, mit Terror seine Machtstellung auf Sizilien zu sichern, geht nicht auf. Mit der Auslöschung ganzer Familien hat er sich viele Feinde gemacht. Einer davon ist Tommaso Buscetta (1928–2000), ein angesehenes Mitglied der Porta-Nuova-Familie in Palermo. Zwei seiner

Söhne, einen Bruder und vier weitere Verwandte hat er während des Mafiakriegs verloren. Als Buscetta, der selbst 100 Menschen ermordet hat, 1983 verhaftet wird, schlägt er dem Ermittlungsrichter Giovanni Falcone (1939–1992) einen Handel vor. „Ich stehe auf Ihrer Seite", versichert er dem Mafiajäger. Buscetta will alles verraten, was er über die Mafia weiß. Im Gegenzug verlangt er Straffreiheit, den Schutz seiner verbliebenen Verwandten und eine neue Identität. Falcone ist skeptisch. Noch nie hat ein so hochrangiges Mafiamitglied das Schweigegebot, die sogenannte Omertà, gebrochen. Für die Mafiosi eine Todsünde! Doch tatsächlich verrät Buscetta die Namen von Dutzenden Mitgliedern der Cosa Nostra, die für Hunderte Morde verantwortlich sind. Er erläutert dem verblüfften Richter die geheime Organisation der Mafia und macht genaue Angaben über ihre **illegalen Geschäfte**.

Thema | Illegale Geschäfte – Die Mafia ist Italiens größtes Unternehmen

Kein Unternehmen in Italien macht mehr Umsatz als die Mafia. Rund 90 Milliarden Euro pro Jahr nimmt die Mafia mit illegalem Drogenhandel, Schutzgelderpressung und dem Verleih von Geld zu Wucherzinsen ein. Auch mit dem Verkauf von gefälschten Markenartikeln wie Kleidung, Sonnenbrillen oder Taschen, die in Urlaubsorten am Strand verkauft werden, verdient

die Mafia Milliarden. Unternehmen arbeiten häufig mit der Mafia zusammen, weil sie sonst Sabotage oder Anschläge befürchten. Zur Mafia gehören auch die Camorra in Neapel und die 'Ndrangheta in Kalabrien, die heute als mächtigste Verbrecherorganisation Europas gilt.

Prozesse gegen Mitglieder der Mafia erregen immer viel Aufsehen.

Falcone ist begeistert. Endlich haben die Behörden genügend Beweise, um zu einem umfassenden Schlag gegen die Cosa Nostra in Sizilien auszuholen. Am 29. September 1984 machen sich schwer bewaffnete Carabinieri in Palermo zeitgleich mit 366 Haftbefehlen auf, um etliche Mafiosi zu verhaften. Der Coup gelingt. Ab 1986 sagt Buscetta als Hauptzeuge in einem 22-monatigen Mammutprozess gegen über 470 Mafiamitglieder aus.

Riina nimmt Rache – und wird verraten

Buscetta verrät Falcone auch den Namen von Salvatore Riina. Doch den Behörden gelingt es nicht, den Boss der Cosa Nostra festzunehmen, denn Riina ist untergetaucht. In Abwesenheit wird er bei dem Mafia-Prozess zu lebenslanger Haft verurteilt. Als Riina von Buscettas Verrat erfährt, schwört er Blutrache. Mehr als ein Dutzend Verwandte von Buscetta werden ermordet. Und Riinas Rachefeldzug geht weiter. Am 23. Mai 1992 sterben der Mafiajäger Giovanni Falcone und seine Frau bei einem Bombenattentat. Wenige Monate später, am 19. Juli 1992, auch der Ermittlungsrichter Paolo Borsellino (1940–1992). Für beide Morde gibt

Riina den Auftrag. Dutzende Polizisten, Richter und Staatsanwälte fallen Riinas Terror zum Opfer. Die Öffentlichkeit in Italien ist schockiert.

Mit seiner Brutalität macht sich Riina jedoch auch in den eigenen Reihen Feinde. Vor allem Riinas Plan, außerhalb Siziliens mit Bombenanschlägen in Rom, Mailand, Florenz und auf den schiefen Turm von Pisa sogar unbeteiligte Touristen zu töten, geht Bernardo Provenzano (*1933), Riinas rechter Hand, zu weit. Riina muss als Oberhaupt der Cosa Nostra abgelöst werden. Aber wie kann Provenzano seinen Sturz geschickt einfädeln?

Ende 1992 findet Provenzano in seiner Post einen Stadtplan von Palermo. Der Absender ist Vito Ciancimino (1924–2002), der ehemalige Bürgermeister der Stadt und ein guter Freund. Die Antimafiajäger seien Riina auf der Spur, schreibt Ciancimino. Wenn Provenzano ihn verraten wolle, solle er den Ort einkreisen, an dem sich Riina aufhält. Provenzano schickt den Plan mit der bezeichneten Stelle zurück. Nur wenige Wochen später wird Riina festgenommen. Provenzano wird sein Nachfolger und leitet die Cosa Nostra, bis auch er 2006 verhaftet und zu lebenslanger Haft verurteilt wird.

Auch noch Jahre später wird Giovanni Falcone und Paolo Borsellino gedacht.

Bernardo Provencano bei seiner Verhaftung

Ein Fall **äußerster Geheimhaltung**

Jan Philipp Reemtsma wird entführt

1996 in Hamburg

„Meine Damen und Herren, Jan Philipp Reemtsma ist am Montagabend vor seinem Haus in Blankenese offenbar niedergeschlagen und entführt worden. Herrn Reemtsmas Ehefrau hat einen Brief gefunden, in dem die Entführer die Zahlung eines Lösegeldes von zwanzig Millionen Mark verlangen. Die Entführer fordern ausdrücklich, dass die Presse nicht eingeschaltet wird. Sie drohen damit, Herrn Reemtsma andernfalls zu töten. Die Polizei nimmt diese Drohung sehr ernst. Um das Leben von Herrn Reemtsma nicht zu gefährden, bitten wir Sie, auf jegliche Berichterstattung bis nach der hoffentlich erfolgreichen Beendigung der Geiselnahme zu verzichten. Ich bitte Sie für diese außergewöhnliche Maßnahme um Verständnis."

Ein Polizeisprecher informiert die Presse über die Entführung von Jan Philipp Reemtsma.

Ein Fall äußerster Geheimhaltung — Jan Philipp Reemtsma wird entführt

Jan Philipp Reemtsma (*1952) wird in eine Unternehmerfamilie geboren. Schon früh verkauft er seine Anteile und widmet sich kulturpolitischen Themen. Am 25. März 1996 gegen 20.30 Uhr verlässt er sein Haus, um in seinem fünfzig Meter entfernt gelegenen Büro ein Buch zu holen. Als er spät am Abend noch nicht zurück ist, schöpft seine Frau Verdacht. Vor dem Haus findet sie auf einer kleinen Mauer einen Erpresserbrief, der mit einer Handgranate beschwert ist. An der Mauer klebt Blut. „Wir haben Herrn Reemtsma entführt", heißt es in dem Brief mit großen Schreibmaschinenlettern. „Das Einschalten von Presse und Polizei bedeutet den Tod."

Jan Philipp Reemtsma

Machen, was die Kidnapper wollen

Reemtsmas Ehefrau entschließt sich dennoch, die Polizei einzuschalten. Kriminaloberrat Dieter Langendörfer von der Hamburger Polizei beruft unter strenger Geheimhaltung sofort eine Sonderkommission ein. Spezialisten des Landeskriminalamtes (LKA) sichern die wenigen Spuren vor dem Haus. Die Auswertung erbringt zunächst kein Ergebnis, anscheinend waren Profis am Werk. Zwei psychologisch geschulte Beamte bereiten Reemtsmas Ehefrau auf die Anrufe der Entführer vor, in denen die Einzelheiten der Geldübergabe besprochen werden. Die Taktik: Lebenszeichen der Geisel einfordern und auf die Forderungen der Entführer eingehen. Technikexperten bringen an den Telefonen der Reemtsmas Abhörvorrichtungen an, um die Gespräche mitzuschneiden. Vielleicht können die Verbre-

In einer Hamburger Zeitung werden die verschlüsselten Nachrichten veröffentlicht.

cher anhand der **Stimme** identifiziert werden. In der Einsatzzentrale im Hamburger Polizeipräsidium sammeln die Ermittler alle Informationen und werten sie aus. Nur eines tun sie nicht: Sie suchen während der Geiselnahme weder nach dem Versteck, in dem Reemtsma festgehalten wird, noch nach den Kidnappern. Das Leben der Geisel soll unter keinen Umständen gefährdet werden. Oberstes Gebot bei einer Entführung: Die Bedingungen der Erpresser werden erfüllt, bis die Geisel frei oder tot ist.

Gescheiterte Geldübergaben

Am 27. März schicken die Entführer ein Polaroidfoto, das den entführten Jan Philipp Reemtsma zeigt mit der „Bild"-Zeitung des 26. März in der Hand. Ein Lebenszeichen. Am 3. April melden sich die Kidnapper telefonisch und geben Anweisungen für die Geldübergabe. Der Mann am ande-

Thema   Was verraten Stimmen?

Spezialisten des Bundeskriminalamtes analysieren Stimmaufzeichnungen von Verbrechern, um Informationen über deren Identität zu gewinnen. Jede Stimme hat bestimmte Merkmale: Wie schnell redet der Sprecher, wie viele Pausen macht er, sagt er oft „Äh"? Sprachfehler oder eine Lücke zwischen den Schneidezähnen verursachen unverwechselbare Laute. Auch Dialekte verraten die Täter. Die Stimmen werden im Computer mit Sprachproben

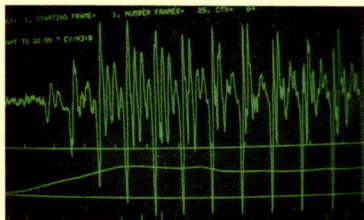

von über 200 deutschen Dialekten abgeglichen. Computerprogramme messen und berechnen die Frequenzen des Stimmschalls in Hals, Rachen oder Nase. Sie machen die Stimme jedes Menschen unverwechselbar.

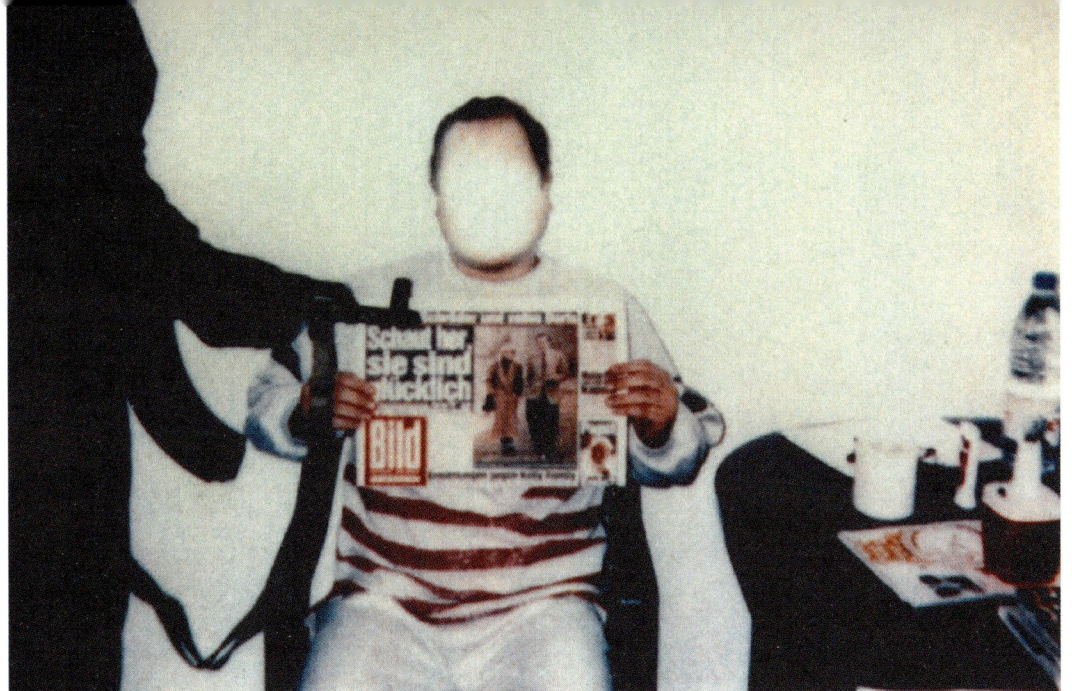

Jan Philipp Reemtsma in der Gewalt seiner Entführer (die Polizei hat das Gesicht unkenntlich gemacht).

ren Ende der Leitung ist kaum zu verstehen, denn er benutzt ein Gerät, das seine Stimme entstellt. 20 Millionen Mark (rund zehn Millionen Euro), davon zehn Millionen in Schweizer Franken, stehen bereit. Gebrauchte Tausendmarkscheine, keine fortlaufenden Seriennummern, so wollen es die Erpresser.

Der Anwalt der Familie, Gerhard Johann Schwenn, soll das Geld überbringen. Um 4.30 Uhr morgens fährt er mit seinem Wagen in Richtung Hamburgs Süden los. Obwohl er die Anweisungen der Entführer befolgt, kommt er jedoch an dem vereinbarten Treffpunkt zu spät an. Die Geldübergabe scheitert. Die Familie und die Fahnder sind beunruhigt. Wie werden die Erpresser reagieren?

Am 13. April melden sich die Entführer mit neuen Anweisungen für die Geldübergabe. Dieses Mal wird Schwenn an einen Autobahnrastplatz bei Trier gelotst. Am Pfosten eines Gittertores findet er eine Nachricht: „Werfen Sie das Geld rechts neben dem Gittertor über den Zaun. Fahren Sie sofort

> **Wissen spezial**
>
> **Was sind Seriennummern?**
> Banknoten sind mit einer mehrstelligen Seriennummer versehen. Jeder Geldschein wird so unverwechselbar. Anhand der Seriennummern können Banknoten wiedererkannt werden, die Teil eines Lösegeldes sind, wenn die Nummern vor der Übergabe an die Erpresser registriert wurden.

weiter." Doch als Polizisten, die sich als Touristen getarnt haben, am nächsten Tag die Stelle absuchen, finden sie die Millionen immer noch hinter dem Zaun liegen. Die Entführer haben das Geld nicht abgeholt. Fürchteten sie, dass sich Polizei in der Nähe befand, und haben das Geld deshalb lieber liegen gelassen?

Jan Philipp Reemtsmas Leben ist in höchster Gefahr. Verlieren die Kidnapper die Geduld, weil die zweite Geldübergabe gescheitert ist? Doch die Gier nach den Millionen überwiegt. Am 16. April melden sich die Entführer erneut. Sie verlangen jetzt 30 Millionen Mark (rund 15 Millionen Euro) und kündigen an, dass der nächste Geldübergabeversuch der letzte sein wird. Sollte er scheitern, wird Jan Philipp Reemtsma getötet. Der dritte Versuch findet in der Nacht zum 25. April statt. Das Geld steht bereit. Dieses Mal werden die Banknoten nicht **präpariert**. Stattdessen kopiert die Polizei alle Geldscheine, die sich in der Tasche befinden, die den Entführern übergeben werden soll. So können die Scheine anhand der Seriennummer später wiedererkannt werden und die Fahnder auf die Fährte der Verbrecher führen.

Die Entführer lotsen die beiden neuen Geldboten Christian Arndt und Lars Clausen auf einen Feldweg in der Nähe von Krefeld. Dort lassen die beiden Männer das Auto stehen und gehen zu Fuß in Richtung Krefeld zurück. „Wenn alles geklappt hat, wird Herr R. sich Freitagnacht bei Ihnen melden", schreiben die Entführer. Lange 44 Stunden müssen die Familie und die Polizei warten. Dann kommt die erlösende Nachricht. Die Geldübergabe

Die Entführer wenden sich in ihrem dritten Brief direkt an Christian Arndt und Lars Clausen, zwei Freunde Reemtsmas.

Wissen *spezial*

Präpariertes Geld

Die Polizei behandelt Geldscheine mit chemischen Substanzen, um Verbrechern auf die Spur zu kommen. Bei Entführungen werden Scheine etwa luftdicht verpackt. 60 bis 70 Stunden nach dem Öffnen der Verpackung verfärben sich die Scheine rot. Wollen die Verbrecher mit dem verfärbten Geld bezahlen, machen sie sich sofort verdächtig.

war erfolgreich. Am 26. April 1996 lassen die Entführer Jan Philipp Reemtsma frei. Damit geht die längste Geiselnahme in der deutschen Kriminalgeschichte zu Ende. Noch nie wurde ein so hohes Lösegeld bezahlt. Erst jetzt erfährt auch die Öffentlichkeit von der Entführung. 33 Tage lang haben sich die Journalisten an das Schweigegebot gehalten: Keine Zeitung und kein Fernsehsender hat während der Geiselnahme über das Verbrechen berichtet.

Das Puzzle fügt sich zusammen

Kaum hat die 100 Mann starke Soko die Nachricht erhalten, dass Reemtsma frei ist, beginnen die Fahnder fieberhaft mit der Suche nach den Entführern. Zunächst gibt es keine heiße Spur. Die größte Hilfe für die Fahnder ist Jan Philipp Reemtsma selbst. Er erinnert sich an erstaunlich viele Einzelheiten aus seiner fast fünfwöchigen Geiselhaft.

Nachdem der Entführte befreit ist, gibt es eine große Pressekonferenz.

Jan Philipp Reemstma äußert sich zu seiner Entführung, …

Da die Entführer ihm die Augen nachlässig verbinden, nachdem sie ihn vor seinem Haus überwältigt haben, kann er schemenhaft erkennen, dass es sich bei dem Auto, in dem er verschleppt wird, um einen Kombi oder einen kleinen Lieferwagen handelt. Farbe: hellgrau oder weiß. An ein gelbes Kennzeichen mit schwarzer Schrift und den Anfangsbuchstaben VF oder FV kann er sich erinnern. Ist der Wagen in den benachbarten Niederlanden, in Luxemburg oder Großbritannien angemeldet? Die Fahrt zu dem Versteck, in dem er 33 Tage lang festgehalten wurde, schätzt er auf etwa eineinhalb Stunden. Die Fahnder schließen daraus, dass sich das Versteck in einem Umkreis von rund 150 Kilometern um Hamburg befinden muss. Aber in welcher Richtung? Reemtsma glaubt sich an ein regelmäßig holperndes Geräusch zu erinnern, das vom Fahrbahnbelag der Straße erzeugt wurde – als würde man in einem Zug sitzen. Tatsächlich gibt es einen solchen Belag auf der Autobahn zwischen Hamburg und Bremen. Auf den Wasserflaschen, die die Entführer ihm gaben, fallen Reemtsma die Preisschilder auf. Sie stammen von einer Supermarktkette, von der es im norddeutschen Raum nur etwa ein Dutzend Filialen gibt. Befindet sich das Versteck in der Nähe eines der Geschäfte? Auch eine Liste mit Büchern, die ihm die Entführer besorgt haben, gibt Reemtsma der Polizei. Darunter sind ausgefallene Titel, die von der Buchhandlung möglicherweise bestellt werden mussten. Der Name des Kunden würde im Computer auftauchen.

Die Kidnapper gehen ins Netz

Die Fahnder kommen dank dieser Hinweise den Verbrechern immer näher. Ende Mai 1996 entdeckt die Polizei das Versteck: ein abgelegenes Haus in der Nähe von Bremen. Reemtsma erkennt den Kellerraum, in dem er gefangen gehalten wurde, an Spuren im Wandverputz wieder. Unterdessen gelingt es der Polizei, die mutmaßlichen Täter festzunehmen. Nur der Anführer der Bande ist noch knapp zwei Jahre auf der Flucht. Das LKA Hamburg schaltet Interpol ein. Am 28. März 1998 wird Thomas Drach (*1961) in einem Nobelhotel in Buenos Aires festgenommen. Sein betont luxuriöser Lebensstil, den er mit dem Lösegeld finanziert hat, verrät ihn. Drach wird wegen erpresserischen Menschenraubs zu vierzehneinhalb Jahren Haft verurteilt. Von dem größten Teil der 30 Millionen Mark fehlt bis heute jede Spur.

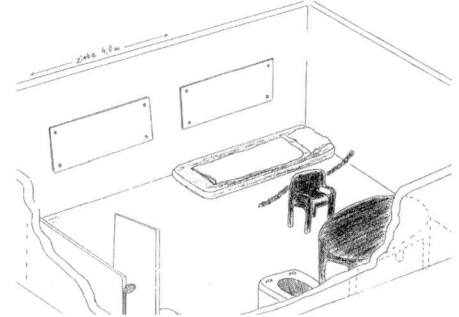

Eine Skizze zeigt den Raum, in dem Reemtsma fünf Wochen lang festgehalten wurde.

… nachdem sein mutmaßlicher Entführer festgenommen wurde.

Wissen *spezial*

Was macht Interpol?
Die „Internationale Kriminalpolizeiliche Organisation" wurde 1923 gegründet und hat die Aufgabe, die Polizeibehörden der 188 Mitgliedsstaaten bei der Fahndung nach Verbrechern zu unterstützen. Interpol darf jedoch weder selbst ermitteln noch Täter verfolgen oder verhaften. Das dürfen nur die Polizeibehörden der jeweiligen Länder.

Tierische **Zeugen**

Wie Ameisen und Maden einen Mörder überführen

1997 bei Braunschweig

„Was ist denn heute Abend mit den Hunden los? So nervös habe ich die drei hier draußen noch nie erlebt ... Als ob sie die Witterung aufgenommen hätten. Merkwürdig. So aufgeregt sind sie sonst nur bei der Jagd. Macht langsam, Jungs! Sie laufen geradewegs auf das kleine Wäldchen zu. Schnell hinterher, vielleicht wittern sie ein totes Reh ... Zum Glück ist es hell genug, dass ich sehen kann, wohin sie laufen. Da drüben im Dickicht sind sie stehen geblieben. Ja, brav, Jungs, was habt ihr denn gefunden? Aber was ist denn das? Ein paar Schuhe? Und ... nein ... Oh Gott, das ist kein totes Reh. Das ist ... eine Leiche! Oh, du liebe Güte, die sieht ja schrecklich aus! Das Gesicht ist nicht mehr zu erkennen. Ich muss sofort die Polizei verständigen!"

Ein Jäger findet im Wald eine Frauenleiche.

Tierische Zeugen *Wie Ameisen und Maden einen Mörder überführen*

Als am Abend des 28. Juli 1997 der Anruf des aufgeregten Jägers bei der Polizei eingeht, machen sich die Kriminalbeamten sofort auf den Weg. Die Frauenleiche liegt am Rand eines Waldstücks in der Nähe von Braunschweig. Ihr Schädel ist stark zertrümmert, das Gesicht kaum mehr zu erkennen. Selbst für erfahrene Polizisten ein erschreckender Anblick.

Wer ist die Frau? Die Ermittler gehen alle Vermisstenmeldungen durch und werden schnell fündig. Wenige Tage zuvor, am 25. Juli, meldete der evangelische Pastor Klaus Geyer (1941–2003) aus dem kleinen Ort Beienrode, nur fünf Kilometer vom Fundort der Leiche entfernt, seine Ehefrau als vermisst. Tatsächlich ist die Tote Veronika Geyer-Iwand.

Wer hat die Tote zuletzt gesehen?

Routinemäßig befragen die Ermittler den Ehemann der Toten. Am 25. Juli, einem Freitag, um 15.30 Uhr, sei er mit seiner Frau in Braunschweig verabredet gewesen, sagt Klaus Geyer. Seine Frau wollte in der Stadt Besorgungen machen, doch sei sie zu dem vereinbarten Treffen nicht

Polizisten und ihre Hunde suchen nach Hinweisen.

erschienen. Nach langem Warten habe er um 16.30 Uhr von einer Telefonzelle in Braunschweig aus zu Hause angerufen. Doch seine Frau war nicht da. Da sie nie unzuverlässig oder unpünktlich sei, habe er noch am selben Tag eine Vermisstenmeldung aufgegeben.

Die Ermittler versuchen, die letzten Stunden vor dem Verschwinden von Veronika Geyer-Iwand zu rekonstruieren: Sie fährt gegen Mittag mit ihrem roten Pkw nach Braunschweig. Um 12.30 Uhr holt sie Tickets für eine geplante USA-Reise ab, die Angestellte des Reisebüros erinnert sich noch genau an die Frau des Pastors. Zwischen 13 und 14 Uhr kauft sie in einem Süßwarenladen ein und trifft eine Bekannte vor einer Drogerie, danach verliert sich ihre Spur.

Pastor Klaus Geyer erscheint zwischen 16.30 und 17 Uhr in dem Reisebüro und erkundigt sich, ob seine Frau da gewesen sei. Auch daran erinnert sich die Angestellte. Aber was hat er davor gemacht? Angeblich hat er eine Stunde vor dem Restaurant, wo das Ehepaar verabredet gewesen ist, gewartet. Aber dafür gibt es keinen einzigen Zeugen. Geyer hat für die Stunden nach dem Verschwinden seiner Frau kein **Alibi**.

Die Kriminalisten schöpfen Verdacht. Alles, was Geyer bei der Vernehmung zu Protokoll gegeben hat, wird überprüft, dabei stellt sich heraus, dass er die Kriminalbeamten angelogen hat. Er hat an dem Freitagnachmittag nämlich nicht von einer Telefonzelle in Braunschweig aus zu Hause angerufen, sondern benutzte eine Telefonzelle, die zwischen Braunschweig und Beienrode liegt, ganz in der Nähe des Fundortes der Leiche. Eine Liste der Telefonverbindungen, die die Polizei bei der Telefongesellschaft anfordert, belegt das eindeutig. Warum lügt Geyer? Hat er etwas zu

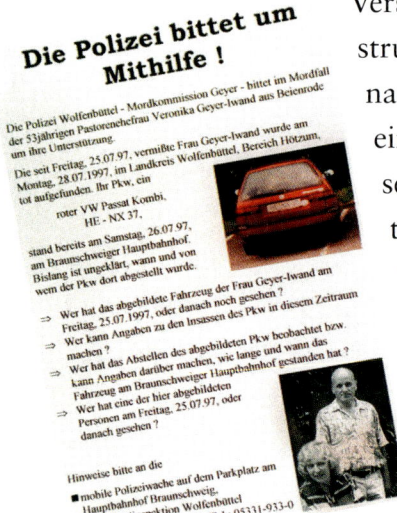

Dann wird die Bevölkerung mit Mithilfe gebeten.

verbergen? Und er macht sich noch weiter verdächtig. Einen Tag, nachdem seine Frau verschwunden ist, verteilt er Flugblätter. „Ein Mensch wird vermisst", schreibt er. „Wir müssen den Verdacht auf ein Verbrechen haben." Warum spricht er kaum 24 Stunden nach ihrem Verschwinden schon von einem Verbrechen? Geyer gerät in das Visier der Ermittler. Am 29. Juli durchsuchen 40 Polizeibeamte das Pfarrhaus in Beienrode. Einen Tag später wird Geyer festgenommen und kommt in Untersuchungshaft.

> **Wissen** *spezial*
>
> **Alibi**
> Ein Alibi (lateinisch „anderswo") ist der Beweis, dass ein Tatverdächtiger zur Tatzeit an einem anderen als dem Tatort gewesen ist und daher nicht der Täter sein kann. Ein häufiges Alibi ist die Aussage eines Zeugen, er habe den Verdächtigen zur Tatzeit an einem anderen Ort gesehen.

Wie lange lag die Tote im Wald?

Unterdessen wird die Leiche obduziert. Die Gerichtsmediziner finden heraus, dass der Mörder mit einem spitzen Gegenstand, wahrscheinlich einem Nageleisen, mehrmals auf die Frau eingeschlagen hat. Von der Tatwaffe fehlt jedoch jede Spur. Wann wurde die Frau getötet? Die Experten schätzen, dass sie etwa drei Tage tot ist, also am Nachmittag des 25. Juli ermordet wurde. Klaus Geyer hat für die Zeit zwi-

Schließlich wird das Pfarrhaus unter die Lupe genommen.

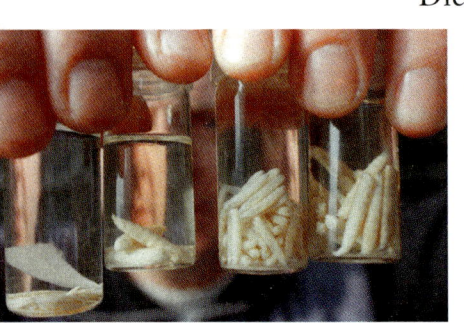

Der Madenbefall einer Leiche kann wichtige Aufschlüsse über den Todeszeitpunkt liefern.

schen 14 und 16.30 an diesem Tag kein Alibi. Fällt der Todeszeitpunkt genau in diesen Zeitraum?

Die Ermittler wollen es genau wissen. Seit wann lag die Leiche am Fundort? Auskunft erhoffen sie sich von ungewöhnlichen Zeugen: drei Maden, die die Kriminaltechniker in dem Wald vom Kopf der Leiche abgenommen haben. Anhand der Maden können Spezialisten, sogenannte **Kriminalentomologen**, erkennen, wie lange eine Leiche an dem Ort gelegen hat, wo sie gefunden wurde. Die Insektenkundler wissen, dass sich auf Leichen, die im Freien liegen, innerhalb der ersten 15 Minuten Schmeißfliegen niederlassen und Eier ablegen, meist auf offene Wunden. Aus den Eiern schlüpfen Maden, die auf der Leiche leben. Sie fressen das tote Gewebe, wachsen und verpuppen sich nach einiger Zeit. Aus der Puppe schlüpft dann wieder eine Fliege.

Thema | Kriminalentomologie – Was verraten Insekten auf der Leiche?

Die Kriminalentomologie oder forensische Entomologie ist eine Wissenschaft, die die Umstände oder den Zeitpunkt des Todes einer Person anhand von Insekten, die auf der Leiche gefunden werden, ermittelt. Neben Maden untersuchen die Insektenkundler auch Käfer, die sich vor allem von Haaren oder trockener Haut ernähren. Mithilfe der Maden können die Experten auch feststellen, ob das Opfer vergiftet wurde. Maden speichern die Substanzen, die sich im Körper des Toten befanden. Gift, aber auch Drogen und Medikamente sind in den Maden noch nachweisbar, selbst wenn die Leiche schon stark verwest ist.

Dr. Mark Benecke hilft Ermittlern in Mordfällen.

Die drei Maden werden an den forensischen Entomologen Dr. Mark Benecke geschickt. Benecke bestimmt zuerst die Fliegenart. Unter einem Mikroskop trennt er mit einem haarfeinen Skalpell die Mundwerkzeuge der Larve ab. Keine leichte Aufgabe, denn die winzigen Tiere sind nur etwa acht Millimeter lang. Die Mundwerkzeuge sind bei jeder Fliegenart anders geformt und verraten, um welche Art es sich handelt. Im Fall Geyer sind es Maden der Blauen Schmeißfliegen. Nachdem Benecke die Art kennt, kann er das Alter der Made bestimmen. Denn jede Fliegenart braucht unterschiedlich lange für die Entwicklung von der Eiablage bis zur fertigen Fliege. Der Wissenschaftler kann von der Größe und dem Entwicklungsstadium, in dem sich die Made befindet, den Zeitpunkt der Eiablage zurückrechnen. Dann weiß er beinahe auf die Stunde genau, wie lange die Leiche an dem Ort, wo sie gefunden wird, schon liegt. Benecke berechnet, dass die Leiche von Veronika

Geyer-Iwand 36 bis maximal 70 Stunden, also knapp drei Tage, im Wald gelegen hat, bevor sie gefunden wurde. Der früheste Todeszeitpunkt könnte also der 25. Juli sein. Der Nachmittag, an dem sie verschwunden ist – und für den Klaus Geyer kein Alibi hat.

Gummistiefel liefern den entscheidenden Beweis für die Täterschaft von Pastor Geyer.

War Geyer am Tatort?

Bei der Durchsuchung des Pastorenhauses machen auch die Polizeibeamten eine interessante Entdeckung. Im Kofferraum von Geyers Wagen finden sie ein Paar Gummistiefel Größe 44. In den Profilrillen der Sohle haftet Erde. Sofort schicken die Ermittler die Probe ins Labor. Ergebnis der Untersuchung: Die Erde stammt aus dem kleinen Wäldchen, in dem die Leiche gefunden wurde. Und sie muss nach dem 24. Juli an die Stiefel gelangt sein, denn sie ist noch frisch. Aber stammt sie auch von dem Tatort? Die Ermittler haben Glück: In der Erdprobe finden die Kriminaltechniker eine tote Ameise. Auch auf der Bluse der Toten wurden Ameisen sichergestellt. Stammt die Ameise am Stiefel vom Fundort der Leiche? Dann wäre derjenige, der die Stiefel getragen hat, mit Sicherheit dort gewesen.

Der Ameisenexperte Dr. Bernhard Seifert vom Staatlichen Museum für Naturkunde in Görlitz soll klären, ob die Ameisen von der Bluse und die Ameise am Stiefel zu derselben Art gehören. Er findet heraus, dass es sich bei allen Ameisen zweifelsfrei um die Glänzend schwarze Holzameise handelt. Eine in Deutschland verbreitete Art, die aber nach Seiferts Kenntnis in dem Wäldchen nur am Fundort der Leiche vorkommt. War Geyer also am Tatort? Der Pastor be-

Wissen spezial

Was macht ein Staatsanwalt?
Ein Staatsanwalt leitet das Ermittlungsverfahren, wenn der Verdacht einer Straftat vorliegt. Er erforscht die Umstände der Tat und versucht, den Täter zu ermitteln. Dabei arbeitet er häufig mit der Polizei zusammen. Er erhebt Anklage und vertritt sie im Strafprozess vor Gericht gegen den Angeklagten.

Wie konnten die Ameisen an den Stiefel des Pastors kommen?

streitet das vehement. Aber wie kommt dann die frische Erde an seine Gummistiefel und die Ameise, die in dem Waldstück nur an dieser Stelle vorkommt? Seine Frau müsse die Stiefel zuvor getragen haben. Aber warum sollte seine Frau Gummistiefel tragen, die ihr sieben Nummern zu groß sind?

Indizienprozess gegen Geyer

Die Indizienlage gegen Geyer ist erdrückend. Dennoch haben die Ermittler und der **Staatsanwalt** keine echten Beweise. Das Maden- und das Ameisengutachten lassen nicht unmittelbar darauf schließen, dass Geyer der Täter ist. Dennoch erhebt Oberstaatsanwalt Ulrich Hennecke Anklage gegen Klaus Geyer wegen **Totschlags** seiner Frau. Das Tatmotiv sind schwerwiegende Eheprobleme, da der Pastor seine Frau häufig betrogen hat. Mithilfe des Ameisen- und des Madengutachtens sowie anderer Indizien versucht der Staatsanwalt, den Richter von der Schuld des Pastors zu überzeugen: mit Erfolg. Am 16. April 1998 wird Klaus Geyer wegen Totschlags zu acht Jahren Gefängnis verurteilt.

> **Wissen** *spezial*
>
> **Warum Totschlag und nicht Mord?**
> Totschlag und Mord geschehen beide mit Absicht oder Vorsatz. Im deutschen Strafrecht liegt ein Mord jedoch nur dann vor, wenn der Täter besonders heimtückisch oder grausam vorgegangen ist, die Tat aus sogenannten „niederen Beweggründen" wie zum Beispiel Habgier begangen hat oder um seinen Sexualtrieb zu befriedigen.

Mördersuche nach 400 Jahren

Wie starb die Mumie von Sennwald?

2005 in Zürich

„Auf dem Röntgenbild sieht man keine Verletzung der Wirbelsäule."

„Wenn er erhängt worden wäre, könnten wir gebrochene Halswirbel erkennen. Oder die Luftröhre wäre verletzt."

„Genau. Wie sieht die Kopfverletzung aus?"

„Eine 15 Zentimeter lange Öffnung im Schädel. Die Schädeldecke ist glatt durchgebrochen."

„Jemand muss ihm mit aller Wucht einen Gegenstand auf den Kopf gehauen haben."

„Aber er ist angeblich erst neun Tage später gestorben. Er soll noch einen Brief geschrieben haben, in dem er schildert, wie sein Neffe ihn angegriffen hat."

„Das ist absolut unmöglich. Diese Kopfverletzung ist tödlich!"

„Moment mal. Auf der Computertomografie sehe ich noch eine andere Verletzung! Aber klar! Das ist die Lösung!"

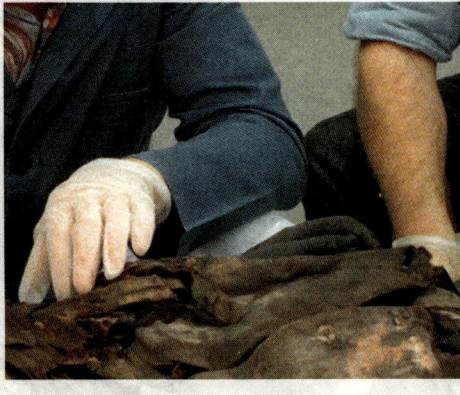

Zwei Mumienforscher untersuchen die Mumie von Sennwald.

Mördersuche nach 400 Jahren Wie starb die Mumie von Sennwald?

Dr. Frank Rühli vom Anatomischen Institut der Universität Zürich und Dr. Thomas Böni von der Universitätsklinik Balgrist in Zürich sind **Paläopathologen**. Im Mai 2005 haben sie eine ungewöhnliche Aufgabe. Sie untersuchen die sterblichen Überreste des Freiherrn Johann Philipp von Hohensax, der als die „Mumie von Sennwald" berühmt geworden ist. Seit Jahrzehnten beschäftigt Wissenschaftler die Frage, unter welchen Umständen Johann Philipp von Hohensax zu Tode kam. Nur eines ist bislang klar: Der Freiherr wurde ermordet. Doch die Ergebnisse der Untersuchung, die die Wissenschaftler mit modernster Technik durchführen, decken sich nicht mit der geschichtlichen Überlieferung des Tathergangs. Können Rühli und Böni endlich Licht in den mysteriösen Mordfall bringen?

> **Wissen** *spezial*
>
> **Was machen Paläopathologen?**
> Paläopathologen befassen sich mit Toten aus lange zurückliegenden Epochen. Die Wissenschaftler untersuchen unter anderem mumifizierte Leichen oder Knochen von Lebewesen, um deren Krankheiten oder die Todesumstände herauszufinden.

Ein heimtückischer Mord und ein Wunder

Die Geschichte beginnt am 3. Mai 1596. Johann Philipp von Hohensax (etwa 1550–1596) sitzt in geselliger Runde im Gasthaus Löwen in dem Dorf Salez im ostschweizer Kanton Sankt Gallen. Plötzlich taucht sein Neffe Ulrich Georg auf, der Sohn seines Halbbruders Johann Albrecht. Schon seit vielen Jahren sind die beiden Familien sich spinnefeind. Sie streiten sich um das Erbe des Vaters Ulrich Philipp von Hohensax (1531–1585) und darum, wer die Herrschaft in Hohensax übernehmen soll. Ulrich Georg beginnt mit Johann Philipp einen heftigen Streit, schnell kommt es zu Handgreiflichkeiten. Plötzlich zieht Ulrich

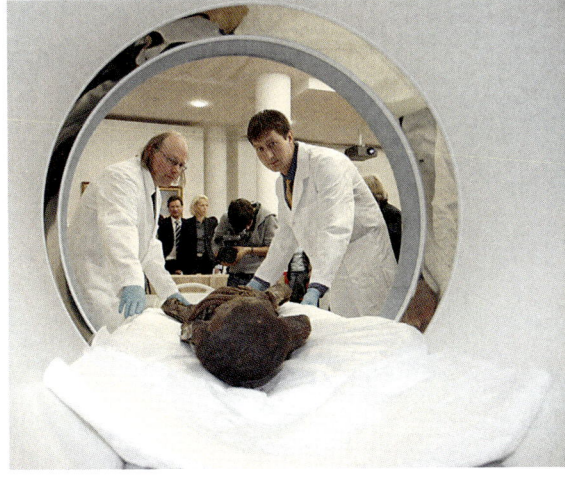

Die Computertomografie ermöglicht Erkenntnisse über lange zurückliegende Todesursachen.

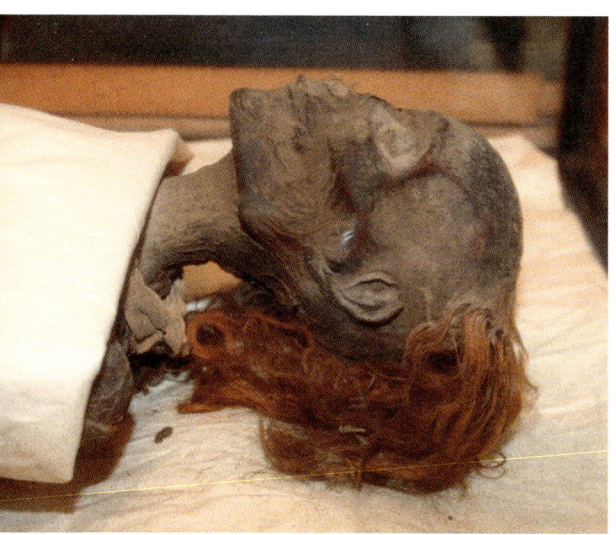

Eine über 3500 Jahre alte Mumie ist aufgrund der Konservierung relativ gut erhalten.

Georg sein Schwert und trifft Johann Philipp am Kopf. Mit einer stark blutenden Wunde zieht sich Johann Philipp auf Burg Forstegg zurück. Drei Tage nach dem Angriff schreibt er einen Brief an den Rat von Zürich. Er bittet darum, ihm Wachmänner zu seinem Schutz zu schicken. Sein Leben sei in Gefahr, sein Neffe habe wie ein Tier getobt und gedroht, ihn zu töten: „Ich will dich zerhackt haben wie Kraut", soll er gerufen haben. Neun Tage später ist Johann Philipp von Hohensax tot.

Die Leiche des Freiherrn wird in der Familiengruft der Hohensax in der Kirche von Sennwald beigesetzt. Niemand hätte sich später noch einmal für den Toten interessiert, wenn nicht im Jahr 1730 Handwerker einen unheimlichen Fund gemacht hätten. Die Kirche von Sennwald soll renoviert werden, dazu wird auch die Familiengruft geöffnet. Als die Handwerker die schwere Steinwand der Totenkammer entfernen, stockt ihnen der Atem: In der Gruft liegt die Leiche von Johann Philipp von Hohensax. Sie sieht aus, als wäre sie eben erst zu Grabe getragen worden. Der in ein violettes Seidengewand gehüllte Körper zeigt keine Spur von **Verwesung**, die Haut schimmert wachsweiß. Ein Wunder!, glauben die Bewohner von Sennwald. Die Nachricht von der sensationellen Entdeckung verbreitet sich wie ein Lauffeuer. Scharen von Neugierigen drängen sich vor der Gruft, um das Wunder mit eigenen Augen zu bestaunen. Einige Jahre später wird der Leichnam in einem offenen Sarg im Glockenturm der Kirche aufgebahrt.

Wissen *spezial*

Was geschieht bei der Verwesung?

Sobald ein Lebewesen tot ist, beginnt der Körper zu verwesen. Bakterien und Pilze wandeln die organischen Verbindungen in Wasser, Kohlendioxid, Ammoniak, Schwefelwasserstoff und Mineralien um. Ist die Luft sehr trocken und immer in Bewegung, kann der Verwesungsprozess vorzeitig abbrechen, und die Leiche wird mumifiziert.

Rätselhafte Spuren

Rund 250 Jahre nach dem sensationellen Fund befindet sich die **Mumie** in einem erschreckenden Zustand. Sie ist schwarz, eingetrocknet, verschimmelt und von Motten zerfressen. Die Kantonsarchäologin Irmgard Grüninger schickt den Leichnam zu Dr. Bruno Kaufmann vom Anthropologischen Forschungsinstitut in Basel. Der Spezialist behandelt die Mumie mit einem Insektengift und anderen Chemikalien, um zu verhindern, dass sie weiterzerfällt. Aber er will auch wissen, wieso der Leichnam während der vielen Jahrhunderte, die er in der Kirche von Sennwald lag, nicht verwest ist. Wurde er durch Einbalsamieren künstlich mumifiziert wie die altägyptischen Pharaonen? Kaufmann kann das jedoch ausschließen, denn bei der Mumie von Sennwald sind alle inneren Organe erhalten; bei einer künstlichen Mumifizierung wären sie entfernt worden.

Thema Mumien erzählen Geschichten

Wissenschaftler können die Todesumstände mumifizierter Leichname nachträglich feststellen. Am 19. September 1991 fanden Bergsteiger in einem Alpengletscher in Südtirol die 5300 Jahre alte Mumie „Ötzi". Die Untersuchung des vollständig erhaltenen Körpers zeigte, dass der Mann nach einem Pfeilschuss von hinten in die linke Schulter an einer inneren Blutung starb. Schnittverletzungen an Arm und Hand könnten darauf hinweisen, dass er heimtückisch überfallen wurde oder sich auf der Flucht befand, denn an seinen Waffen fanden die Forscher kein Blut.

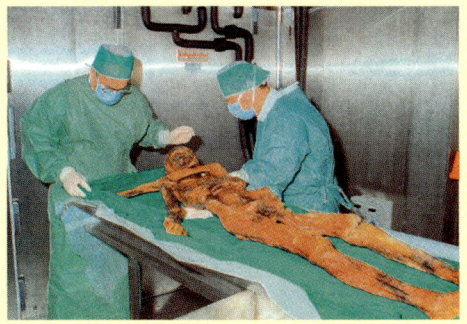

Die alten Ägypter waren Meister der Mumifizierung und stellen auch heute noch ihr Können unter Beweis.

Kaufmann nimmt an, dass die kühle, trockene Luft in der Familiengruft die Verwesung verhindert hat, sodass der Körper auf natürliche Weise mumifiziert ist.

Bei der Untersuchung der Mumie macht Kaufmann jedoch eine andere, rätselhafte Entdeckung. Am Hals der Mumie zeichnet sich eine auffallende Druckstelle und eine Schwellung ab. Typische Merkmale, die entstehen, wenn ein Mensch mit einem Strick erhängt oder gewürgt wurde. Aber Johann Philipp von Hohensax soll an seiner Kopfverletzung gestorben sein. Keine einzige Quelle aus dem 16. oder 17. Jahrhundert spricht von Erhängen. Merkwürdig. Kaufmann wird neugierig. Er untersucht die Mumie genauer. Auch die Kopfverletzung gibt ihm Rätsel auf. Der Schädelbruch ist so tief, dass Johann Philipp eigentlich wenige Minuten oder Stunden nach dem Angriff hätte sterben müssen. Unmöglich konnte er eine so starke Verletzung noch neun Tage überleben und in dieser Zeit sogar noch einen langen Brief schreiben, in dem er den Ablauf der brutalen Attacke seines Neffen genau beschreibt. Ist der Brief an den Rat von Zürich eine Fälschung? Hat jemand anderes dem Freiherrn die Schädelverletzung zugefügt? Wurde er gar erhängt? Ist der Tote vielleicht gar nicht Johann Philipp von Hohensax? Die überlieferten Todesumstände und die medizinischen Befunde passen einfach nicht zusammen.

Die Wahrheit kommt ans Licht

2005 nehmen sich Wissenschaftler den Fall noch einmal vor. Um zu klären, ob der Brief echt ist, vergleichen Spezialisten der Zürcher Kantonspolizei die Handschrift mit anderen Schriftstücken aus der Feder des Freiherrn. Ergebnis: Der Brief stammt zweifelsfrei von Johann Philipp. Der Freiherr hat also tatsächlich nach dem Angriff des Neffen noch einige Tage gelebt.

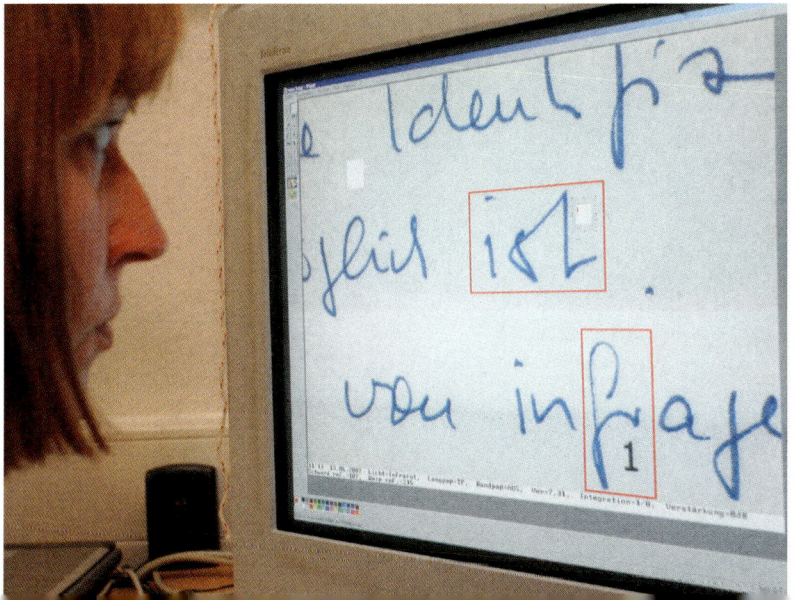

Auch in der Identifizierung von Handschriften werden moderne Methoden verwandt.

Wissen spezial

Computertomografie
Bei der Computertomografie (kurz: CT) wird der Körper aus verschiedenen Richtungen durchleuchtet. Im Gegensatz zu einer herkömmlichen Röntgenaufnahme ist die CT-Aufnahme dreidimensional. Auf den Bildern sieht man den Körper, als wäre er scheibchenweise geröntgt worden.

Welche Aufschlüsse bringt die Computertomografie?

In der Universitätsklinik Zürich machen sich Dr. Thomas Böni und Dr. Frank Rühli auf die Suche nach der genauen Todesursache. Eine **Computertomografie** soll zeigen, ob der Leichnam innere Verletzungen aufweist. Aber die beiden Mediziner können nichts Auffälliges feststellen. Die Halswirbel und auch die Luftröhre sind unverletzt. Wäre Johann Philipp erhängt worden, könnte man dies an eindeutigen Spuren erkennen.

Doch auf einer der Aufnahmen der Computertomografie fällt den beiden Wissenschaftlern etwas auf: Auf der linken Seite des Schädels ist die Schädeldecke auffallend dünner. Eine Einkerbung, als hätte man eine Scheibe des Knochens abgeschnitten. Das ist Lösung!

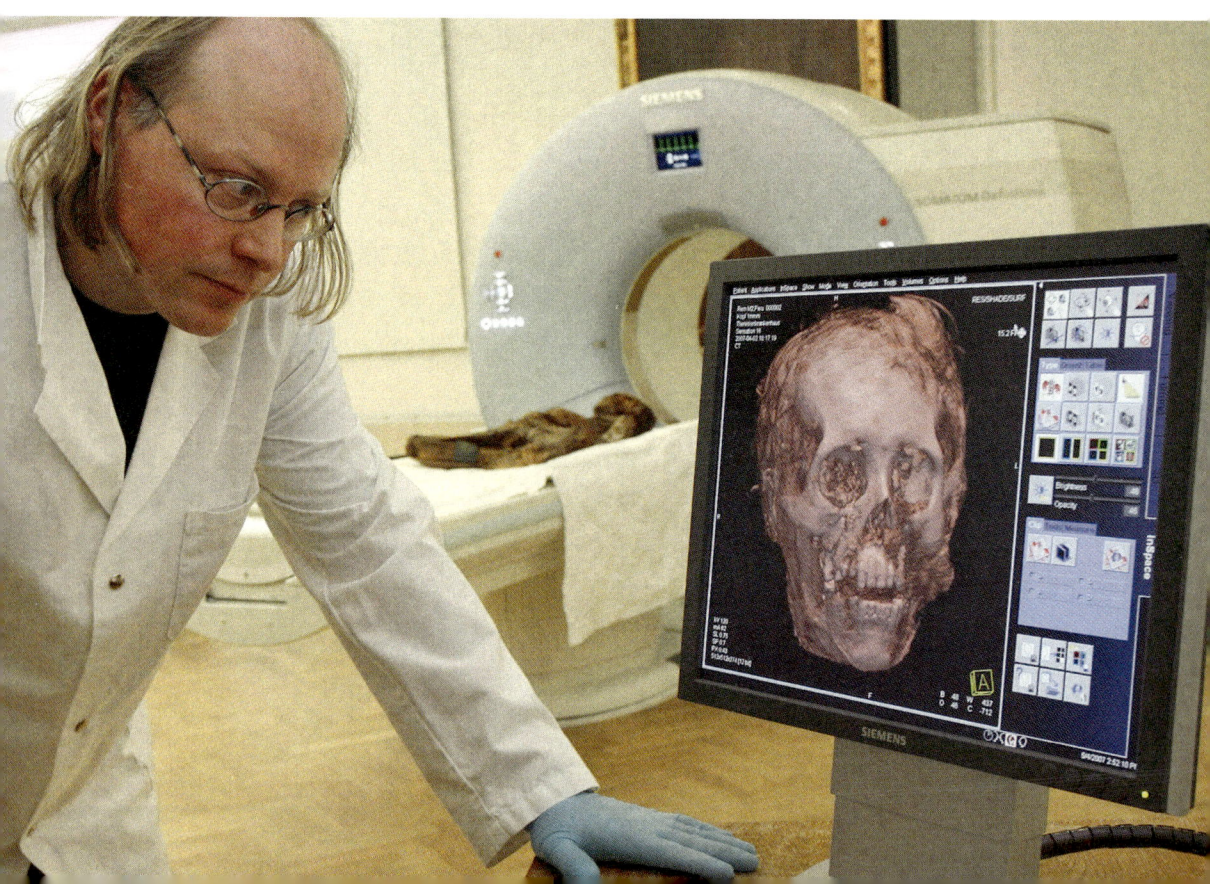

Mit dieser Spur können die Forscher nun nachvollziehen, wie die Mordtat 1596 abgelaufen ist. Der Mörder muss ein zweites Mal zugeschlagen haben. Im Wirtshaus bekommt der Freiherr einen seitlichen Hieb mit dem Schwert auf den Kopf. Die Wunde blutet stark, aber der Knochen der Schädeldecke ist nur oberflächlich verletzt. Diesen Angriff überlebt Johann Philipp. Am 12. Mai 1596 jedoch muss es einen zweiten Anschlag gegeben haben. Wahrscheinlich sucht der Mörder den verletzten Johann Philipp auf dem Krankenlager auf, würgt ihn zuerst mit einem Strick, schlägt ihm dann das Schwert auf den Kopf und spaltet ihm damit den Schädel. Der Freiherr ist sofort tot. Er entschlief also nicht „im andächtigen Gebet – sanft und ruhig", wie es in einer zeitgenössischen Schilderung heißt, sondern wurde brutal in seinem Bett ermordet.

Nach 400 Jahren ist der mysteriöse Mordfall endlich aufgeklärt. Mit modernster Technik sind die Wissenschaftler den rätselhaften Todesumständen von Johann Philipp von Hohensax auf die Spur gekommen. Doch wer war der Mörder? Hat der Neffe Ulrich Georg dem Freiherrn noch einmal aufgelauert und ihn auf dem Krankenbett heimtückisch umgebracht? Oder hatte Johann Philipp noch andere Feinde, die ihm nach dem Leben trachteten? Dieses Geheimnis nimmt Johann Philipp von Hohensax mit ins Grab.

Dieser Schädel weist eine deutlich sichtbare Kopfverletzung auf.

Verbrecherjagd im Labor

Das Phantom von Heilbronn ist nicht zu fassen

2007 in Heilbronn

„Wie viele Opfer?"
„Zwei. Eines männlich, eines weiblich. Der Mann lebt noch, ist aber bewusstlos. Beide haben Kopfschüsse."
„Haben sich die Opfer gewehrt?"
„Nein. Wir haben keine weiteren Projektile oder Einschussspuren gefunden. Sieht aus wie eine Hinrichtung."
„Zeugen?"
„Keine Augenzeugen. Es gibt aber einige Personen, die kurz vor 14 Uhr zwei Schüsse gehört haben wollen. Ansonsten nichts."
„Ein Mord am helllichten Tag und es gibt keinen einzigen Zeugen?"
„Nein, Herr Huber, keiner hat etwas gesehen."
„Sonst irgendetwas Auffälliges?"
„Die Dienstwaffen und die Handschellen fehlen."
„Hm. Das sieht schlecht aus. Wir werden wohl die Ergebnisse der Spurensicherung abwarten müssen."

Kriminalrat Frank Huber wird von einem Kollegen am Tatort über einen Doppelmord an zwei Polizisten informiert.

Verbrecherjagd im Labor *Das Phantom von Heilbronn ist nicht zu fassen*

Am Nachmittag des 25. April 2007 wird Kriminalrat Frank Huber zu einem Tatort auf der Theresienwiese in Heilbronn gerufen. Unbekannte haben eine Bereitschaftspolizistin in ihrem Dienstwagen erschossen und ihren Kollegen lebensgefährlich verletzt. Ein Polizistenmord erregt immer großes Aufsehen, das ist Huber klar. Doch er weiß noch nicht, dass dieser Fall zu einem der spektakulärsten in der deutschen Kriminalgeschichte werden wird.

Verraten genetische Spuren den Täter?

Die Hinweise sind dürftig. Niemand hat einen Verdächtigen gesehen. Der überlebende Polizist liegt im Koma und wird sich, falls er aufwacht, an die Tat nicht mehr erinnern können. Huber muss sich ganz auf die Spuren, die am Tatort gesichert werden, verlassen. Die Kriminaltechniker gehen mit äußerster Sorgfalt vor. Sie suchen jeden Winkel des Dienstfahrzeugs ab, nehmen etliche Fingerabdrücke und etwa 150 DNA-Proben. Besonders die Analyse der **DNA** ist in den letzten Jahren ein unerlässliches Hilfsmittel bei der polizeilichen Ermittlung geworden. Dabei werden menschliche Zellen von Haaren, Speichel oder der Haut, die jeder Mensch ständig verliert, mit einem keimfreien Wattestäbchen aufgenommen und dann in einer Plastikhülse verpackt. In einem Labor werden die Zellen mit einem speziellen Verfahren behandelt, um die DNA

> **Wissen** *spezial*
>
> **Was ist die DNA?**
> Die DNA oder Desoxyribonukleinsäure ist eine chemische Verbindung, die alle genetischen Informationen eines Lebewesens enthält. Sie ist bei jedem Lebewesen verschieden. Der Aufbau der DNA ist in allen Zellen eines Organismus gleich. Daher genügen wenige Körperzellen, um einen Menschen anhand seiner DNA eindeutig zu identifizieren.

Akribisch suchen die Polizisten nach Spuren.

sichtbar zu machen – den genetischen Fingerabdruck. Er macht jeden Menschen unverwechselbar. Für Kriminalisten hat er eine besondere Bedeutung: Täter, die am Tatort Spuren hinterlassen, können anhand ihrer DNA identifiziert werden. Die Daten werden in eine Computerdatenbank, eine sogenannte Gendatei, eingegeben und mit dort bereits abgespeicherten DNA-Spuren, die Verbrecher an anderen Tatorten hinterlassen haben, verglichen. Wenn die Ermittler Glück haben, können sie so der DNA-Spur einen Täter zuordnen.

Die DNA macht jeden Menschen unverwechselbar.

Täter ohne Gesicht

Einige Wochen nach dem Mord an der Polizistin erhält Kriminalrat Huber Nachricht vom Bundeskriminalamt (BKA) in Wiesbaden. Eine DNA-Spur, die am Tatort in Heilbronn gefunden wurde, stimmt mit einer vorhandenen Spur aus der Gendatei des BKA überein. Sie stammt aus einer Wohnung in Idar-Oberstein, in der eine Rentnerin erdrosselt wurde. In diesem Fall deutet alles auf einen Raubmord, doch die Tat konnte bislang nicht aufgeklärt werden. Das Verblüffende: Der Mord in Idar-Oberstein geschah 1993, liegt also bereits 14 Jahre zurück. Besteht zwischen dem Polizistenmord

Mit technischen Tricks können Spuren sichtbar gemacht werden.

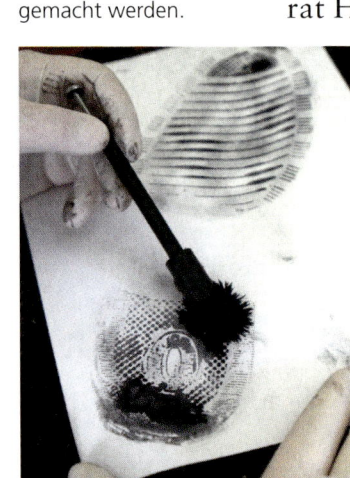

Verbrecherjagd im Labor *Das Phantom von Heilbronn ist nicht zu fassen*

und dem Mord an der Rentnerin ein Zusammenhang? Haben es die Kriminalbeamten mit demselben Täter zu tun? Doch warum wartet der Mörder 14 Jahre, bis er wieder zuschlägt? Hat er in der Zwischenzeit vielleicht noch mehr Verbrechen begangen? Die Polizei ist ratlos. Nur eines wissen die Kriminalisten sicher: Der Tatverdächtige ist eine Frau. Das zeigt die DNA zweifelsfrei. Doch wie sie heißt, wie sie aussieht, woher sie stammt, wie alt sie ist, welche Haar- oder Augenfarbe sie hat, bleibt im Dunkeln.

Das perfekte Verbrechen?

Fieberhaft fahnden die Polizisten nun nach dem „Phantom von Heilbronn". Personen aus einschlägigen Milieus wie der Drogenszene werden überprüft. Dabei nehmen die Ermittler Hunderte **Speichelproben**. Sie durchforsten ein weiteres Mal die Gendateien. Und sie werden fündig: In rund 40 Fällen stimmt die DNA aus Heilbronn mit gespeicherten DNA-Spuren in der Datenbank überein. Sie findet sich zum Beispiel auf einem angebissenen Keks, der in einem 2001 aufgebrochenen Wohnwagen in Mainz-Budenheim gefunden wurde. Sie findet sich an einer Küchenschublade in der Wohnung eines 2001 in Freiburg ermordeten Rentners. Sie wird nach

> **Wissen *spezial***
>
> **Wozu Speichelproben?**
> Bei einer Speichelprobe wird mit einem Wattestäbchen Speichel von der Mundschleimhaut abgestrichen und im Labor untersucht. Auch Speichel enthält Körperzellen mit DNA. Die Polizei führt Massenspeicheltests in bestimmten Bevölkerungsgruppen durch, um einen Täter zu ermitteln, von dem DNA-Spuren vorliegen.

Mit einem Wattestäbchen wird eine Speichelprobe entnommen, um die DNA zu analysieren.

einem Einbruch in ein Obdachlosenasyl in Freiburg sichergestellt. Sie ist auf einer Spielzeugpistole, mit der 2004 ein Überfall auf einen vietnamesischen Edelsteinhändler im französischen Arbois verübt wird. Sie klebt auf einem Projektil, das 2005 nach einer Schießerei in Worms sichergestellt wird. Sie taucht im Zusammenhang mit rund 25 Auto- und Motorraddiebstählen sowie Einbrüchen in Geschäfte und Schrebergartenkolonien im Saarland, in Hessen, Rheinland-Pfalz, Baden-Württemberg, in Oberösterreich und Tirol auf. Die Täterin hat ihre DNA an 40 Tatorten im Umkreis von 400 Kilometern hinterlassen.

Die Ermittlungen werfen mehr Fragen auf, als sie beantworten. Ist die Frau eine Obdachlose, die in Gartenhäuschen übernachtet? Legt sie gezielt falsche Spuren, um die Polizei in die Irre zu führen? Welche Verbindung besteht zwischen den Tatorten und welche zwischen den

Opfern? Warum findet sich an keinem einzigen Tatort ein Fingerabdruck von ihr? Warum wird sie nie an den Tatorten beobachtet? Oder gibt es Augenzeugen, die jedoch aus Angst schweigen? Die **Profiler**, die auf den Fall angesetzt werden, können nur die Köpfe schütteln. Die Spuren passen einfach nicht zusammen. Mittlerweile sind in ganz Europa mehr als 100 Kriminalisten mit der Fahndung nach der verdächtigen Frau beschäftigt. Auf ihre Festnahme sind 300 000 Euro Belohnung ausgesetzt.

Das Phantom löst sich in Luft auf

Doch dann machen die Fahnder die entscheidende Entdeckung. Im März 2009 wird an der deutsch-französischen Grenze eine Leiche entdeckt. Der Mann ist ermordet worden, seine Identität ist jedoch ungeklärt. Die Polizei vermutet, dass es sich bei dem Toten um einen Ausländer han-

---

Thema | **Was machen Profiler?**

*P*rofiler *werden offiziell „Fallanalytiker" genannt. Sie versuchen, anhand der Spuren, die der Täter am Tatort hinterlassen hat, und anhand der Art und Weise, wie er bei der Tat vorgegangen ist, auf seinen Charakter, sein Verhalten, das Milieu, aus dem er stammt, sein Alter oder sein Geschlecht zu schließen. Eine solche sogenannte „operative Fallanalyse" wird dann erstellt, wenn die am Tatort gesammelten Spuren, die Zeugenaussagen und Indizien nicht dazu führen, dass die Ermittler eindeutige Aussagen über den Täter oder den Ablauf der Tat machen können.*

An Flaschen finden sich Spuren der DNA.

Wissen spezial

Spurensicherung mit Wattestäbchen

Die Wattestäbchen sind in einer Plastikhülse einzeln verpackt. Vor der Entnahme der Probe werden sie aus der Hülse genommen und danach sofort wieder in die Hülse gesteckt, die dann verschlossen wird. Mit den Wattestäbchen nehmen Kriminaltechniker an Tatorten Blut, Speichel oder auch Sperma auf.

delt, der einige Jahre zuvor in Deutschland Asyl beantragt hat und 2002 spurlos verschwunden ist. Die Ermittler hoffen, den Mann mithilfe eines Fingerabdrucks, der von dem verschwundenen Asylbewerber genommen worden war, identifizieren zu können. Die Kriminaltechniker wissen, dass an Fingerabdrücken häufig kleinste Spuren von Schweiß oder Hauttalg kleben. Sie nehmen mit einem **Wattestäbchen** vorsichtig eine Probe und geben sie ins Labor zur DNA-Analyse. Dabei erhalten sie einen mysteriösen Befund: Die DNA-Probe des Asylbewerbers stimmt exakt mit der des Phantoms von Heilbronn überein. Doch das Ergebnis stimmt die Spezialisten nicht euphorisch, denn das Phantom von Heilbronn ist zweifelsfrei weiblich. Die Labortechniker werden misstrauisch. Schnell nehmen sie eine weitere

DNA-Probe von dem Fingerabdruck mit einem zweiten Wattestäbchen. Doch die Analyse erbringt keine weitere Spur des Phantoms.

Was einige Ermittler bereits vermutet haben, wird nun zur erschütternden Gewissheit. Die Dutzende von Polizisten, die zwei Jahre lang Jagd auf die mysteriöse Serienmörderin gemacht haben, waren tatsächlich einem Phantom auf der Spur. Die Verbrecherin hat es nie gegeben. Einfache Erklärung für die DNA-Spuren, die an den 40 Tatorten gefunden wurden: Die Kriminaltechniker haben verunreinigte Wattestäbchen zur Spurensicherung benutzt. Die immer wieder aufgetauchte DNA-Spur stammte in keinem der Fälle von dem jeweiligen Tatort, sondern befand sich bereits auf dem originalverpackten Stäbchen. Wie ist sie dorthin gekommen? Die Kriminalämter überprüfen die Wattestäbchen aller Hersteller, die sich in ihren Lagern befinden. Schnell wird klar, dass die DNA von einer 71-jährigen Polin stammt, die in einem der Betriebe, in dem die Wattestäbchen verpackt werden, gearbeitet hat. Vielleicht hat sie bei der Arbeit keine Handschuhe getragen oder keine Haarhaube oder keinen Mundschutz, sodass die Stäbchen mit Haut-, Haar- und Speichelzellen verunreinigt werden konnten. Der aufsehenerregende Fall um das Phantom von Heilbronn ist gelöst. Doch alle Fälle, die der vermeintlichen Serienverbrecherin zur Last gelegt worden sind, müssen nun neu aufgerollt werden.

Gesetzesbrecher und Spione auf einen Blick

Serienmörder, Bankräuber, Betrüger, Erpresser, Fälscher, Attentäter, Agenten und Spione – die Kriminalgeschichte ist voll von Gesetzesbrechern, aber auch von findigen Polizisten, die ihnen auf die Schliche kommen. Die Zeitleiste zeigt 20 aufsehenerregende Kriminalfälle.

Der Meisterdieb Adam Worth raubt Geld, Juwelen und Diamanten.

1869

In London treibt der Serienmörder Jack the Ripper sein Unwesen.

1888

Der Stasi-Agent Günter Guillaume spioniert im Bundeskanzleramt.

1973

Richard Nixon ist in die Watergate-Affäre verwickelt.

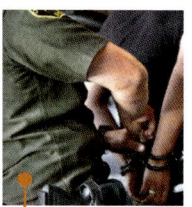

1972

John F. Kennedy fällt einem Attentat zum Opfer.

1963

Ronnie Biggs und seine Bande rauben 2,6 Millionen Pfund aus einem Postzug.

1963

Der Kunstfälscher Tom Keating wird enttarnt.

1973

Ein Kaufhauskonzern wird von Dagobert erpresst.

1992

Der Mafiaboss Salvatore Riina geht den Fahndern ins Netz.

1993

Zeitleiste

Die Mona Lisa verschwindet aus dem Louvre.

1911

Mata Hari spioniert für Deutschland und für Frankreich.

1916

Tausende Anleger werden von Charles Ponzi betrogen.

1919

Al Capone und sein Chicago Outfit terrorisieren Chicago.

1929

John George Haigh löst seine Opfer in Säure auf.

1949

Agent Kim Philby spioniert für den russischen Geheimdienst.

1945

Das FBI bringt den Bankräuber John Dillinger hinter Gitter.

1934

Jan Philipp Reemtsma wird entführt.

1996

Mit Hilfe von Insekten wird ein Mordfall gelöst.

1997

Nach 400 Jahren wird der Mord an Johann Philipp von Hohensax aufgeklärt.

2005

Die Polizei jagt das Phantom von Heilbronn.

2007

Register

Im Register sind Personennamen und Sachbegriffe verzeichnet. Fett gedruckte Seitenzahlen bedeuten: Zu diesen Einträgen gibt es Lexikonboxen (*Wissen spezial* oder *Thema*).

Agentenaustausch 110
Agentur Pinkerton 9
Air Force One 89
Alibi **147**
Alkoholprohibition 52–54
Allen, Arthur Leigh 23
Artnapping 30
Atombombe **69**
Attentat 89–95, **95**
Attrappe 59
Auslieferungsabkommen 87

Baby Face Nelson **58**, 60, 63
Bankraub 9, 57–60
Bernstein, Carl 98–101
Bertillon, Alphonse 27
Beweis **22**, 151
Biggs, Ronnie 86–87
BKA (Bundeskriminalamt) **102**
Blunt, Anthony 71
Bond, Thomas 19–20
Brandt, Willy 105, 111
Buchprüfung **45**
Bundesamt für Verfassungsschutz **106**
Bundesnachrichtendienst **107**
Burgess, Guy 70–71
Buscetta, Tommaso 132–134

Cambridge Four 71
Capone, Al 49–55
Chicago Outfit 51, 55
Christie's 14
CIA (Central Intelligence Agency) 67, 69, 71, 97

Clark, Russell 58
Code **38**, 68
Computertomografie **158**
Corleoni 129–131
Cosa Nostra **129**
Cowley, Sam 57, 62

Dagobert 121–127
Deep Throat 99
Demokratische Partei **97**
Dillinger, John 57–63
DNA **161**, 162–167
Doppelagent **37**
Doyle, Arthur Conan 14
Drach, Thomas 143

Eddowes, Catherine 20
Edwards, Buster 85
Entführung 137–143
erpresste Unternehmen 121–127, **123**
Erster Weltkrieg 34

Falcone, Giovanni 133–134
FBI (Federal Bureau of Investigation) 57, 59–63, **62**, 67–71, 98, 103
Fingerabdruck 27
forensische Entomologie **148**, 148–151
Funke, Arno 126–127

Gainsborough, Thomas 14
Gegenüberstellung **92**
Geheimdienst 33, 36–39, 65–71
Geldwäsche **55**, 130

Geyer, Klaus 145–151
Geyer-Iwand, Veronika 145–151
Guillaume, Günter 105–111

Haigh, John George 73–79
Haldeman, Bob 103
Hehler **26**
Hohensax, Johann Philipp von 153–159
Hoover, J. Edgar 60, 62
Hunt, Howard 98

Identifizierung 77
Indiz **22**, 151
Internationale Antwortscheine 41, 44
Interpol **143**
investieren **42**

Jack the Ripper 17–21
Johnson, Lyndon B. 90

Kalter Krieg **67**
Kennedy, Jacqueline 89
Kennedy, John F. 89–95
Keating, Tom 114–117
KGB (Komitee für Staatssicherheit) 66–69
Komitee zur Wiederwahl des Präsidenten 98
kommunistische Staaten 68
Kongress der USA **102**
Korruption 51, 130
Krakelee **119**
Kriminalentomologie **148**, 148–151

Kunstdiebstahl 25–31
Kunstfälschung 113–119

Lawrence von Arabien **34**
Leonardo da Vinci 25
Louvre 25–29
Lügendetektor 23
Lupara bianca **131**

Maclean, Donald 69–71
Madoff, Bernard L. **47**
Mafia 51, 129–135, **133**
Makley, Charles 58
Mata Hari 33–39
McCord, James 97
Mellon, Andrew 51
MI5 71
MI6 65–68
Mills, Jack 81–82
Ministerium für Staatssicherheit **105**
Mitchell, John 100
Mobiles Einsatzkommando **122**
Modin, Juri 66, 68
Mona Lisa 25–29 , **25**
Mord 17–23, 49, 73–79, 161–167, 145–151, **151**, 153–159
Mumie 153, **155**, 156
Munch, Edvard 30

Ness, Eliot 52–55
Nixon, Richard 97–103
Nollau, Günther 109
Norman, Geraldine 113
North Side Gang 50

Obduktion **18**, 147
observieren **126**
Ölfarbe 118

organisierte Kriminalität 49–55
Oswald, Lee Harvey 92–95

Paläopathologie **153**
Palmer, Samuel 113, 116–117
Peilsender **123**
perfektes Verbrechen **79**, 163
Perugia, Vincenzo 29
Phantom von Heilbronn 161–167
Philby, Harold „Kim" 65–71
Pinkerton, William 9, 12, 15
politische Skandale **102**
Ponzi, Charles 41–47
Postraub 81–87
Postzug **81**
präpariertes Geld **140**
Professor Moriarty **14**
Profiler **165**
Provenzano, Bernardo 135
Purvis, Melvin 57, 60–63

Raub 9, 57–60, 81–86
Razzia **11**, 53–54
Rechtsmedizin 18–19, 77
Reemtsma, Jan Philipp 137–143
Riina, Salvatore 129–135
Röntgentest **116**
Ruby, Jack 94

Schneeballsystem 41–47, **47**
School Book Depository **91**
Schutzgelderpressung **130**
Scotland Yard **13**, 75–76, 83–84, 78
Serienmörder 17–23, **19**
Seriennummer **139**

Sherlock Holmes **14**
Slipper, Jack 87
Sørensen, Gunnar 30–31
Sotheby's 114, 117
Sowjetunion **65**
Speakeasies **54**
Speichelprobe **103**
Spion 33–39, **34**, 100
Spurensicherung 161–162, **166**
Staatsanwalt **150**
Staatsfeind **60**
Stimmenanalyse **138**
Strafregister **73**
Syndikat **51**

Täterprofil 19–20, 165
Thompson, William Hale 51
Toska, David 30–31
Totschlag **151**

Uffizien **29**

Valentinstag-Massaker 51
Vendetta **131**
verändertes Aussehen **86**, 87
Vermeer van Delft, Jan 117, 119
Verwesung **154**

Watergate-Affäre 97–103
Werkkatalog **113**
Whitby, David 81–83
Wolkow, Konstantin 66–67
Woodward, Bob 98–101
Worth, Adam 9–15

Zelle, Margaretha Geertruida 34
Zodiac-Killer 22–23
Zodiak-Symbol 23

Bildquellennachweis

picture-alliance / akg-images: 4 (Filmszene aus „Mata Hari, USA 1931), 8, 36 (oben), 37 (Filmszene, s. S. 4), 38/39, 45, 49 (unten, Filmszene aus „Scarface", USA 1983), 66, 115 (oben), 118/119, 168

picture-alliance / akg-images / Paul Almasy: 24, 169

picture-alliance / akg-images / Schuetze / Rodemann: 25 (unten)

picture-alliance / chromorange: 5, 40, 74/75, 76/77, 169

picture-alliance / dieKLEINERT.de / Rudolf Schuppler: 46

picture-alliance / dpa: 4, 5, 5, 6 (Filmszene aus „Die Unbestechlichen", USA 1976), 7, 7, 15, 16 (Filmszene aus „American Psycho", USA/Kanada 2000), 17 (unten), 20 (Filmszene aus „Denn zum Küssen sind sie da", USA 1997), 23, 27 (oben), 32 (Filmszene aus „Mata Hari, USA 1931), 34 (Filmszene aus „Lawrence von Arabien", UK/USA 1962), 36 (unten), 39, 41, 43, 47, 51, 60, 61, 62 (oben), 64, 67 (unten), 68, 70 (Filmszene aus „Die Welt ist nicht genug", GB/USA 1999), 76, 80, 81 (beide), 82/83 (Filmszene aus „Buster", GB 1988), 84, 85, 86 (beide), 87, 89, 90 (oben), 91, 94, 95 (beide), 97, 98, 99 (oben, Filmszene, s. S. 6), 100/101, 102, 103 (beide), 104, 105, 107, 108/109, 109, 110 (beide), 111, 112, 116 (oben), 120, 121 (beide), 122, 123, 128, 129, 132, 133, 135 (beide), 136, 137 (beide), 138 (beide), 139, 140, 141, 142, 142/143, 143, 145, 146, 147, 148 (oben), 149, 150, 151, 153, 154, 155, 156, 157, 158, 160, 161, 164 (unten), 166, 168 (Filmszene, s. S. 16), 168, 168, 168, 168, 168, 169 (Filmszene, s. S. 32), 169, 169, 169

picture-alliance / dpa / dpaweb: 6, 6, 10, 30, 42 (unterlegt), 62 (unten), 67 (oben), 69, 75, 106, 115 (unten), 116 (unten), 125 (unten), 126/127, 131, 134, 148 (unten), 165

picture alliance / empics: 65

picture-alliance / imagestate / HIP: 9, 14 (unten), 17 (oben), 25 (oben), 42, 49 (oben), 119

picture-alliance / IMAGNO / Austrian Archives (S): 44, 52 (unten)

picture alliance / kpa: 5 (Filmszene aus „Scarface", USA 1983), 22 (Filmszene aus „Zodiac – Die Spur des Killers, USA 2007), 50 (Filmszene, s. S. 5), 82 (Filmszene aus „Der erste große Eisenbahnraub", GB 1979)

picture-alliance / KPA Honorar und Belege: 3 (Filmszene aus „Bonnie und Clyde, USA 1967), 11 (Filmszene aus „Und morgen wird ein Ding gedreht", GB 1976), 19 (ders.), 48 (Filmszene aus „Scarface", USA 1983), 56 und 63 (Filmszene aus „Jagd auf Dillinger", USA 1973), 58/59 (Filmszene, s. S. 3), 169 (Filmszene, s. S. 48), 168 (Filmszene, s. S. 56)

picture-alliance / KPA / TopFoto: 6, 14 (oben), 18, 21, 53, 54 (Filmszene aus „Die Unbestechlichen", USA 1987), 57, 58, 71, 72, 73, 74, 78, 79 (oben), 83, 88, 90 (unten), 92, 113, 168, 169

picture-alliance / Helga Lade Fotoagentur GmbH: 118

picture alliance / landov: 79 (unten)

picture-alliance / maxppp: 4, 12, 26, 27 (unten), 28, 28/29, 33, 52 (oben)

picture-alliance / maxppp © Abecasis/Leemage: 35

picture alliance / medicalpicture: 163 (oben)

picture-alliance / Photoshot: 31, 99 (unten), 114

picture-alliance / Sven Simon: 101 (beide)

picture-alliance / Tagesspiegel: 19 (oben)

picture-alliance / united archives: 7 (Filmszene aus „Der Pate", USA 1972), 93, 130/131 (Filmszene, s. S. 7)

picture-alliance / ZB: 4, 7, 12/13, 77, 108, 117, 124, 125 (oben), 127, 130, 144, 152, 159, 162 (unten), 162/163, 164 (oben), 167, 169, 169

picture-alliance / ZUMA Press: 96, 168

Andreas Brenner: 55

Umschlagabbildungen picture-alliance / ZB: Polizeiabsperrung, picture-alliance / akg-images: Filmszene aus „Scarface. Shame of the Nation" (USA 1932), picture-alliance / dpa: Goldbarren, picture-alliance / chromorange: Personalausweis, picture-alliance / dpa: Detektivschatten, picture-alliance / maxppp: Raub der Mona Lisa, picture-alliance / dpa: John F. und Jacqueline Kennedy, picture-alliance / chromorange: Dollarnoten, picture-alliance / akg-images: bewaffnete Männer, picture-alliance / dieKLEINERT.de / Peter Maltz: Zentralmotiv

LIVE DABEI

Sagenhafte Helden
Entdecker, Revolutionäre, Freiheitskämpfer und andere Helden

„Diese Frau will nicht aufstehen", poltert der weiße Mann dem Busfahrer entgegen. „Kannst du nicht lesen? Dieser Platz ist nur für Weiße. Steh sofort auf!" Rosa Parks musste schon oft aufstehen, wenn sie im Bus einen Platz für Weiße erwischt hat. Doch am 1. Dezember 1955 ist ihre Geduld am Ende. Als sie sich weigert, wird sie verhaftet ...

Dieser Band stellt in 20 Kapiteln Helden wie Rosa Parks, Pocahontas, Albert Schweitzer, Neil Armstrong und Sophie Scholl vor, aber auch ungewöhnliche Figuren wie Tom Sawyer oder Pippi Langstrumpf.

Text von Bernd Flessner
Mit zahlreichen Fotos
Gebunden, 176 Seiten

Ab 11 Jahren
ISBN 978-3-407-81063-2

Gewaltige Naturkatastrophen
Erdbeben, Tornados, Sturmfluten, Tsunamis, Dürren, Vulkanausbrüche

Indonesien, 1883: Gewaltige Rauchwolken schlängen sich über dem Krakatau in Richtung Himmel, die Menschen auf den umliegenden Inseln fliehen und versuchen, sich in Sicherheit zu bringen. Nur weg, bevor der Vulkan explodiert! Noch ahnen sie nicht, dass dieser Ausbruch einer der schlimmsten sein wird, die es jemals gab ...

Dieser Band beschreibt 20 große Naturkatastrophen von Vulkanausbrüchen bis Erdbeben, von Überflutungen bis zum Wirbelsturm.

Text von Imke Rosebrock
Mit zahlreichen Fotos
Gebunden, 176 Seiten

Ab 11 Jahren
ISBN 978-3-407-75347-2

Beltz & Gelberg

LIVE DABEI

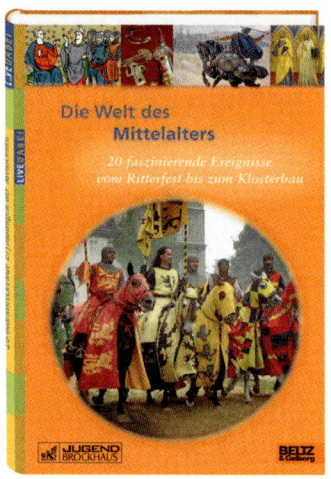

Die Welt des Mittelalters
20 faszinierende Ereignisse vom Ritterfest bis zum Klosterbau

„Steige herab vom Thron!', verlangt Heinrich IV. 1076 vom Papst. Doch Gregor VII. weist den König in seine Schranken und belegt ihn mit dem Kirchenbann. Damit ist dieser gezwungen, den Papst bei Schnee und Eis auf der Burg Canossa aufzusuchen und um Vergebung zu bitten. Kein leichter Schritt für Heinrich …

Dieser Band stellt 20 spannende Ereignisse des Mittelalters vor: vom Gang nach Canossa bis zur Goldenen Bulle.

Text von Mira Hofmann
Mit zahlreichen Fotos
Gebunden, 176 Seiten

Ab 11 Jahren
ISBN 978-3-407-75344-1

Geheime Codes und verschollene Schätze
20 (un)gelöste Rätsel der Menschheit

1890 auf der Kokosinsel: Bei brütender Hitze arbeiten sich die Schatzsucher durch den Sand. Sie sind Piratengold auf der Spur. Einst erbeutet auf wilden Kaperfahrten, soll es hier vergraben sein. Da trifft die Schaufel plötzlich auf etwas Hartes …

Dieser Band lüftet 20 Rätsel und Geheimnisse der Menschheit:
Von der Begegnung mit „Nessie" bis zu Abenteuern im Bermudadreieck

Text von Bernd Flessner
Mit zahlreichen Fotos
Gebunden, 176 Seiten

Ab 11 Jahren
ISBN 978-3-407-75345-8

Beltz & Gelberg

LIVE DABEI

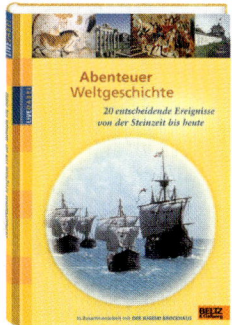

Abenteuer Weltgeschichte
20 entscheidende Ereignisse von der Steinzeit bis heute

An Bord der Santa Maria, im Jahr 1492: Die meuternde Mannschaft droht der großen Reise des Christoph Kolumbus ein Ende zu setzen. Sein Schiff ist auf dem Weg nach Amerika – auf dem Weg in eine neue Welt …

Dieser Band stellt große historische Ereignisse vor und erläutert ihre Auswirkungen auf das Leben der Menschen und für die Geschichte – von der Steinzeit bis heute.

ISBN 978-3-407-75328-1

Ruhmreiche Gladiatoren und mächtige Herrscher
20 sensationelle Ereignisse der antiken Welt

Die Männer, die sich 1184 v. Chr. auf der Peloponnes versammeln, werden von Agamemnon auf den bevorstehenden Angriff eingestimmt: „Nieder mit Troja!" Eine List soll den erhofften Sieg bringen …

Dieser Band stellt 20 wegweisende Ereignisse der Antike vor: von der ersten europäischen Hochkultur auf Kreta bis zum Niedergang des Weströmischen Reichs.

ISBN 978-3-407-75341-0

Kühne Abenteurer und furchtlose Entdecker
20 spektakuläre Expeditionen rund um den Globus

1960 im Pazifischen Ozean: Meter für Meter steigt Jacques Piccard in seinem Tauchschiff hinab. Sein Ziel ist der Grund des Marianengrabens in knapp 11.000 Metern Tiefe. Wird sein kühner Plan gelingen?

Dieser Band stellt 20 Expeditionen wagemutiger Forscher und Abenteurer vor: von der Entdeckung Amerikas bis zur Reise ins All.

ISBN 978-3-407-75342-7

Geniale Denker und clevere Tüftler
20 bahnbrechende Erfindungen der Menschheit

Schottland, im Jahr 1768: Endlich hat James Watt einen Geldgeber von seiner Idee überzeugt und kann seine Dampfmaschine bauen – diese Erfindung wird die Welt verändern. Sie ist nicht die Einzige …

Dieser Band stellt die genialsten Erfindungen der Menschheit vor: vom Feuer bis zur Raumfahrt.

ISBN 978-3-407-75329-8

Beltz & Gelberg

Bibliografische Information der Deutschen Nationalbibliothek.
Die Deutsche Nationalbibliothek verzeichnet diese Publikation in der
Deutschen Nationalbibliografie; detaillierte bibliografische Daten
sind im Internet über http://dnb.ddb.de abrufbar.

Alle Rechte vorbehalten.
Nachdruck, auch auszugsweise, nicht gestattet.
© Beltz & Gelberg in der Verlagsgruppe Beltz, Weinheim Basel 2010

Bildredaktion: Angelika Sust
Text: Christine Schlitt
Herstellerische Leitung: Myriam Frericks
Layout und Satz: Petra Bachmann, Weinheim
Gesamtherstellung: Beltz Druckpartner, Hemsbach
Printed in Germany
ISBN 978-3-407-75350-2